한석봉 千字文 (增補版)

〈부 록〉

▼ 명심보감 ▼ 관혼상제례
▼ 가정의례 준칙
▼ 모양이 비슷하여 혼동하기 쉬운 한자
▼ 한 가지 글자가 서로 다른 음과 뜻을 가진 글자 (同音異意語)
▼ 획순의 일반적인 원칙

매일출판

머리말

① 本 千字文은 中國의 梁武帝가 周興嗣에게 명하여 짓게 한 것으로써 西言古詩 二百五十句 一千字로 되어 있으며, 周興嗣가 단 하룻밤 사이에 짓고 머리가 白髮이 되었다고 하여 후세 사람들이 일명 〈白首文〉이라고도 한다. 이 외에 〈黃千字文〉과 〈易千字文〉이 있다.

② 오늘날 널리 알려진 〈韓石峰千字文〉은 조선시대의 명필 韓石峰이 쓴 것으로 그의 이름은 護이고 石峰은 號요 字는 景洪 또는 時沙라고도 했다.

③ 이 책은 韓石峰이 남긴 千字文을 複寫한 것으로 현재 사용하고 있는 漢字와는 다른 글씨가 있는 것은 원본을 독자에게 밝히려는 것이고, 그 옆에 현재 사용하는 한자를 병기하였고 각 漢字마다 筆順을 明記하였다. 그리고 一字二音을 각각 밝혀두었다.

④ 부록으로 明心寶鑑·三綱五倫·朱子十悔訓·勸學文 朱字訓·永字八 외에 冠·婚·喪·祭禮와 姻親戚系寸圖 등을 收錄하여 학생은 물론 일반 사회인에게도 漢字 익히기에 도움이 되게 하였다.

❖ **가렴주구**(苛斂誅求) : 세금을 가혹하게 거둬들이며 무리에게 재물을 빼앗음.

千字文

日 (날 일)	宇 (집 우)	天 (하늘 천)
月 (달 월)	宙 (집 주)	地 (따 지)
盈 (찰 영)	洪 (넓을 홍)	玄 (검을 현)
昃 (기울 측)	荒 (거칠 황)	黃 (누루 황)

〈天地玄黃〉 하늘은 위에 있는고로 그 빛이 검고 땅은 아래 있는고로 그 빛이 누렇다.
〈宇宙洪荒〉 하늘과 땅 사이는 넓고 커서 끝이 없은즉 세상이 넓음을 말한다.
〈日月盈昃〉 해는 서쪽으로 기울고 달도 차면 점차 기울어진다.

❖ **각골난망**(刻骨難忘) : 고마운 마음이 뼛속 깊이 사무쳐 잊혀지지 않음.

閏 윤달 윤	秋 가을 추	寒 찰 한	辰 별 진
餘 남을 여	收 거둘 수	來 올 래	宿 잘 숙
成 이룰 성	冬 겨울 동	暑 더울 서	列 벌릴 렬
歲 해 세	藏 감출 장	往 갈 왕	張 벌일 장

〈辰宿列張〉 별들은 각각 제자리가 있어 하늘에 넓게 벌려져 있는 것을 말한다.
〈寒來暑往〉 찬 것이 오면 더운 것이 가는 것과 같이 사철의 바뀜을 말한다.
〈秋收冬藏〉 가을에 곡식을 거두고 겨울이 오면 감추어 둔다.
〈閏餘成歲〉 일년 이십사절기 나머지 시각을 모아 윤달로 해를 정했다.

❖ **감탄고토**(甘呑苦吐) : 달면 삼키고 쓰면 뱉는다는 뜻.

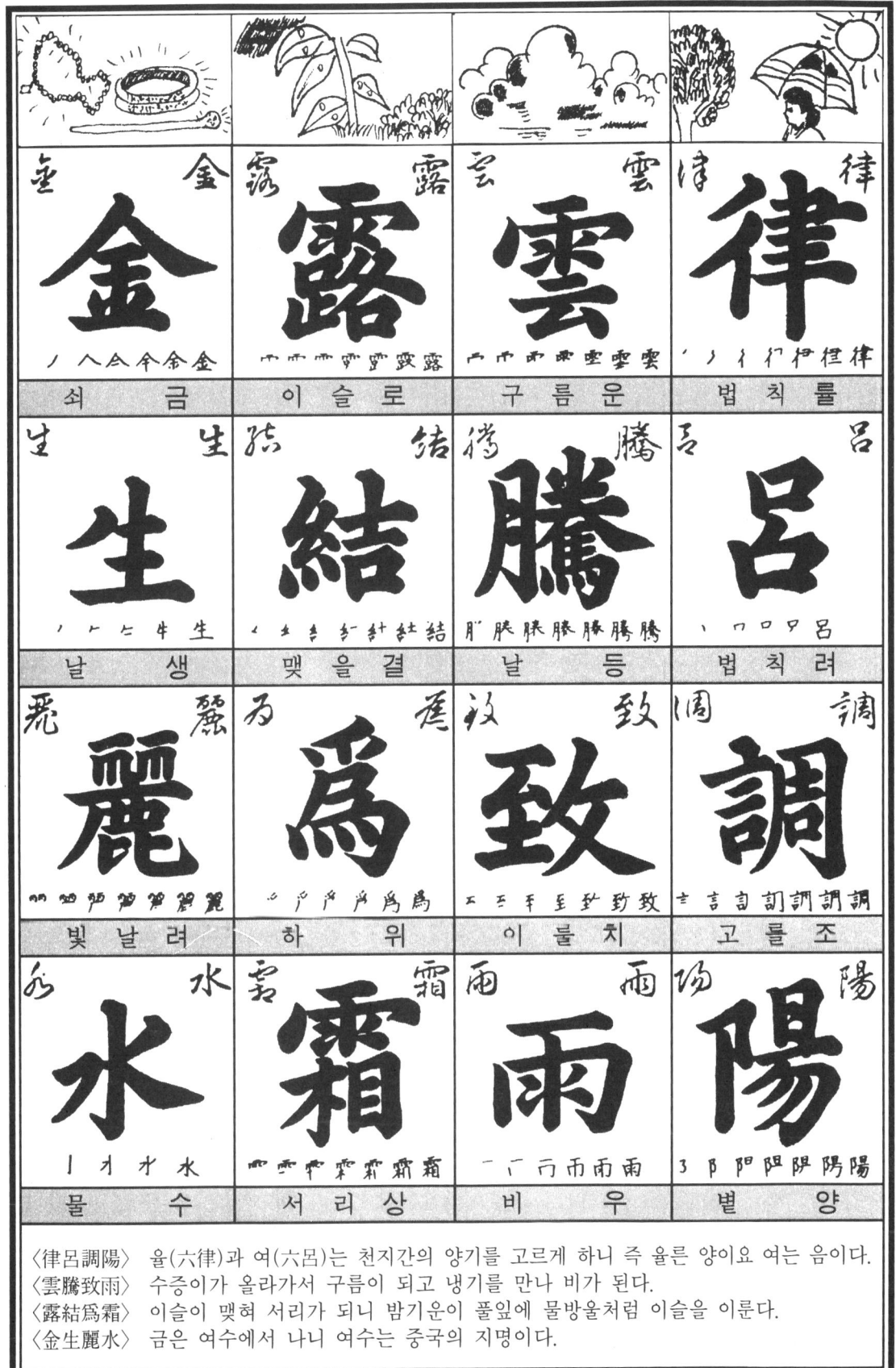

金	露	雲	律
쇠 금	이슬 로	구름 운	법칙 률
生	結	騰	呂
날 생	맺을 결	날 등	법칙 려
麗	爲	致	調
빛날 려	하 위	이룰 치	고를 조
水	霜	雨	陽
물 수	서리 상	비 우	볕 양

〈律呂調陽〉 율(六律)과 여(六呂)는 천지간의 양기를 고르게 하니 즉 율은 양이요 여는 음이다.
〈雲騰致雨〉 수증이가 올라가서 구름이 되고 냉기를 만나 비가 된다.
〈露結爲霜〉 이슬이 맺혀 서리가 되니 밤기운이 풀잎에 물방울처럼 이슬을 이룬다.
〈金生麗水〉 금은 여수에서 나니 여수는 중국의 지명이다.

❖ 객반위주(客反爲主) : 손님이 도리어 주인 노릇을 함. =주객전도(主客顚倒)

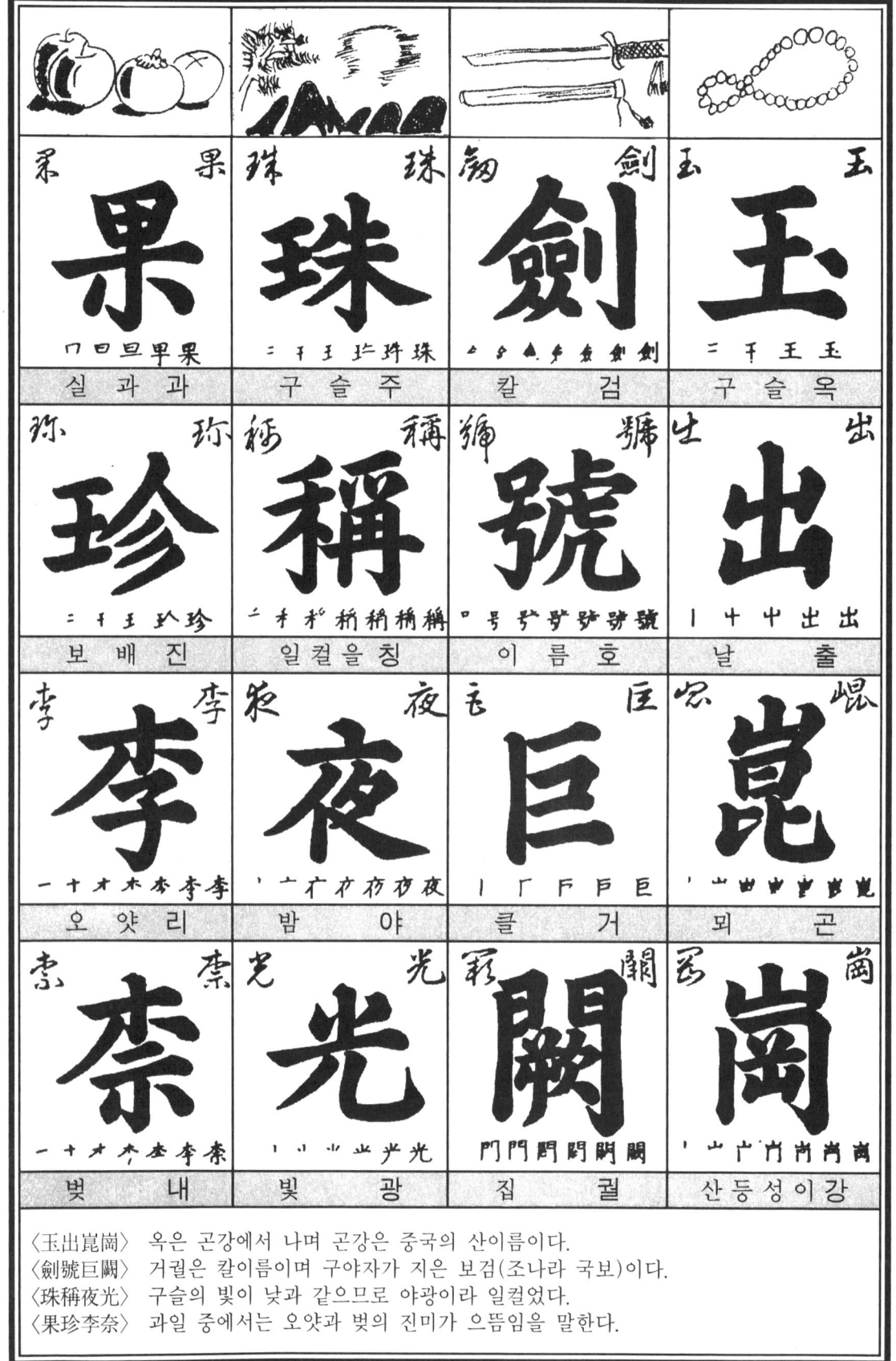

果 실과 과	珠 구슬 주	劍 칼 검	玉 구슬 옥
珍 보배 진	稱 일컬을 칭	號 이름 호	出 날 출
李 오얏 리	夜 밤 야	巨 클 거	崑 뫼 곤
柰 벗 내	光 빛 광	闕 집 궐	岡 산등성이 강

〈玉出崑岡〉 옥은 곤강에서 나며 곤강은 중국의 산이름이다.
〈劍號巨闕〉 거궐은 칼이름이며 구야자가 지은 보검(조나라 국보)이다.
〈珠稱夜光〉 구슬의 빛이 낮과 같으므로 야광이라 일컬었다.
〈果珍李柰〉 과일 중에서는 오얏과 벗의 진미가 으뜸임을 말한다.

❖ **견물생심**(見物生心) : 실물을 보고 욕심이 생긴다는 말.

⟨菜重芥薑⟩ 채소 중에서는 겨자와 생강이 제일 중요하다.
⟨海鹹河淡⟩ 바닷물은 짜고 냇물은 맛도 없고 맑다.
⟨鱗潛羽翔⟩ 비늘이 있는 고기들은 물에 잠기고 날개가 있는 새들은 공중에서 난다.
⟨龍師火帝⟩ 고대의 제왕으로 용사의 복희씨와 화제의 신농씨는 불로써 벼슬을 기록하였다.

※ **결초보은**(結草報恩) : 죽어 혼령이 되어도 은혜를 갚는다는 뜻.

推	乃	始	鳥
밀 추	이에 내	비로소 시	새 조
位	服	制	官
벼슬 위	입을 복	이을 제	벼슬 관
讓	衣	文	人
사양 양	옷 의	글월 문	사람 인
國	裳	字	皇
나라 국	치마 상	글자 자	임금 황

〈鳥官人皇〉 소호는 새로써 벼슬을 기록하고 황제는 인문을 갖췄으므로 인황이라 하였다.
〈始制文字〉 복희씨는 창힐이라는 사람을 시켜 새 발자취를 보고 글자를 처음 만들었다.
〈乃服衣裳〉 이에 의상을 입게 하니 황제가 의관을 지어 등분을 분별하고 위의를 엄숙케 했다.
〈推位讓國〉 벼슬을 미루고 나라를 사양하니 제요가 제순에게 전위하였다.

❖ **경적필패**(輕敵必敗) : 적을 업신여기면 반드시 패한다.

坐	周	弔	有
앉을 좌	두루 주	조상 조	있을 유
朝	發	民	虞
아침 조	필 발	백성 민	나라 우
問	殷	伐	陶
물을 문	나라 은	칠 벌	질그릇 도
道	湯	罪	唐
길 도	끓을 탕	허물 죄	나라 당

〈有虞陶唐〉 유우는 제순이요, 도당은 제요이니 즉 중국의 고대 제왕이다.
〈弔民伐罪〉 불쌍한 백성은 돕고 죄지은 백성은 벌주었다.
〈周發殷湯〉 주발은 무왕의 이름이고 은탕은 왕의 호칭이다.
〈坐朝問道〉 좌조는 천하를 통일하여 왕위에 앉은 것이고, 문도는 나라를 다스리는 법이다.

❖ **고량진미**(膏粱珍味) : 기름지고 살찐 고기와 좋은 곡식으로 만든 맛있는 음식.

遐 멀 하	臣 신하 신	愛 사랑 애	垂 드릴 수
邇 가까울 이	伏 엎드릴 복	育 기를 육	拱 팔장낄 공
壹 한 일	戎 오랑캐 융	黎 검을 려	平 편할 평
體 몸 체	羌 오랑캐 강	首 머리 수	章 글 장

〈垂拱平章〉 밝고 평화스럽게 다스리는 길을 공손히 생각함을 말한다.
〈愛育黎首〉 예수 즉 임금이 백성을 사랑하고 양육함을 말한다.
〈臣伏戎羌〉 위와같이 나라를 다스리면 오랑캐들까지도 신하로써 복종하게 된다.
〈遐邇壹體〉 멀고 가까운 나라 전부가 그 덕망이 퍼져서 귀순하게 하며 일체가 될 수 있다.

❖ **고진감래**(苦盡甘來) : 고생 끝에 즐거움이 온다.

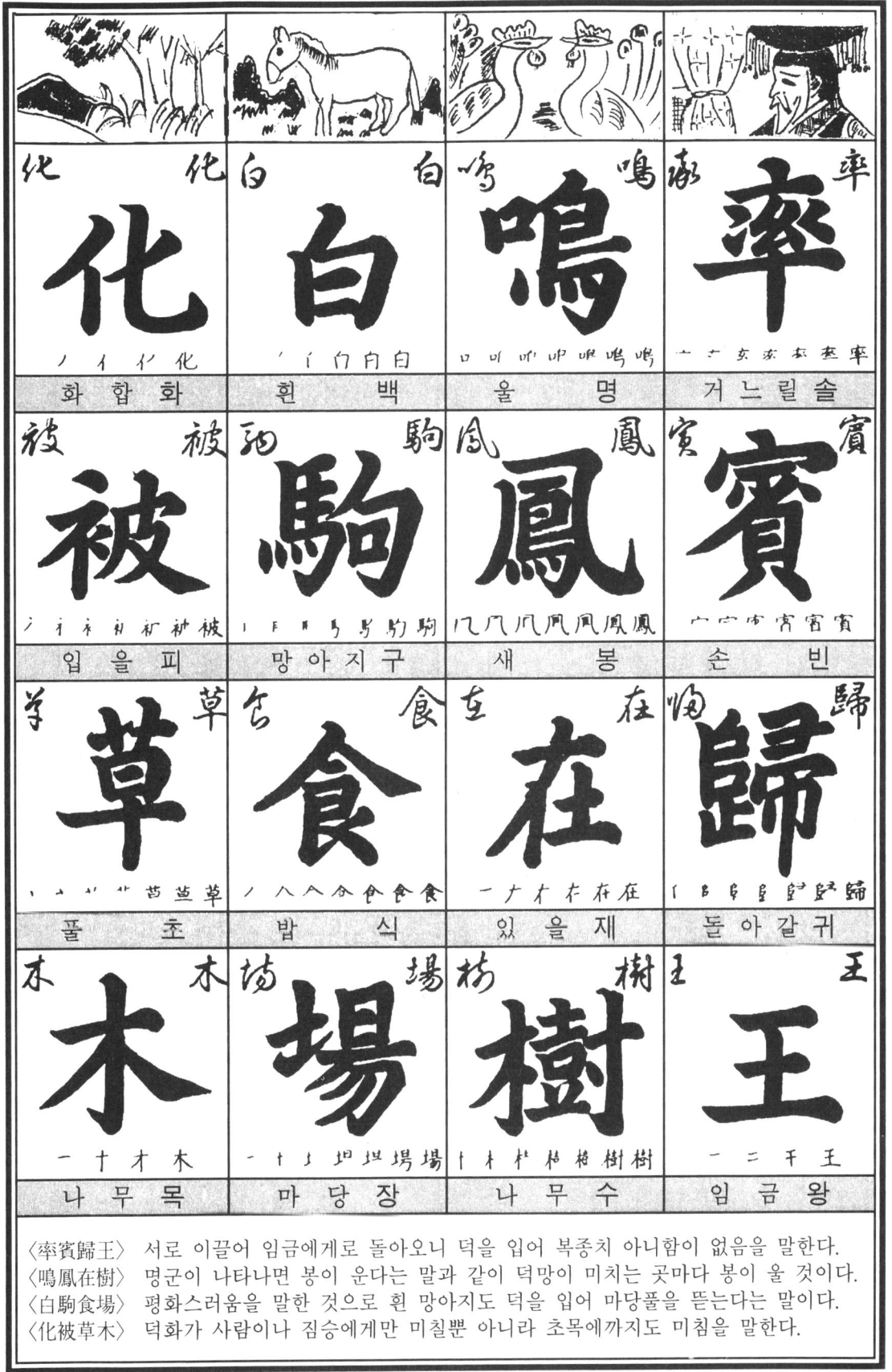

〈率賓歸王〉 서로 이끌어 임금에게로 돌아오니 덕을 입어 복종치 아니함이 없음을 말한다.
〈鳴鳳在樹〉 명군이 나타나면 봉이 운다는 말과 같이 덕망이 미치는 곳마다 봉이 울 것이다.
〈白駒食場〉 평화스러움을 말한 것으로 흰 망아지도 덕을 입어 마당풀을 뜯는다는 말이다.
〈化被草木〉 덕화가 사람이나 짐승에게만 미칠뿐 아니라 초목에까지도 미침을 말한다.

❖ **고장난명**(孤掌難鳴) : 혼자 힘으로는 일하기가 어렵다는 뜻.

⟨賴及萬方⟩ 만방에 어진 덕이 고루 미치게 된다.
⟨盖此身髮⟩ 이 몸에 터럭은 대개 사람마다 없는 이가 없다.
⟨四大五常⟩ 사대는 천·지·군·부요, 오사의 인·의·예·지·신이다.
⟨恭惟鞠養⟩ 국양함을 공손히 하라. 이 몸은 부모의 기르신 은혜 때문이다.

❖ **골육상잔(骨肉相殘)** : 친족간에 서로 해치고 죽임.

知 알 지	男 사내 남	女 계집 녀	豈 어찌 기
過 허물 과	效 본받을 효	慕 사모 모	敢 감히 감
必 반드시 필	才 재주 재	貞 곧을 정	毁 헐 훼
改 고칠 개	良 어질 량	烈 매울 렬	傷 상할 상

〈豈敢毁傷〉 부모님께서 낳아 길러주신 이 몸을 어찌 감히 훼상할 수 있으리오.
〈女慕貞烈〉 여자는 정조를 굳게 지키고 행실을 단정히 해야 한다.
〈男效才良〉 남자는 재능을 닦고 어진 것을 본받아야 한다.
〈知過必改〉 사람은 누구나 허물이 있는 것이니 허물을 알면 즉시 고쳐야 한다.

❖ **괄목상대**(刮目相對) : 눈을 비비고 주의 하여 다시 본다는 뜻.

信 믿을신	靡 아닐미	罔 없을망	得 얻을득
使 하여금사	恃 믿을시	談 말씀담	能 능할능
可 옳을가	己 몸기	彼 저피	莫 말막
覆 엎을복	長 긴장	短 짧을단	忘 잊을망

〈得能莫忘〉 사람으로서 알아야 할 것을 배우면 잊지 않도록 노력하여야 한다.
〈罔談彼短〉 자기의 단점을 말하지 않는 동시에 남의 단점을 욕하지 말라.
〈靡恃己長〉 자신의 특기를 믿고 자랑하지 않으면 더욱 발달한다.
〈信使可覆〉 믿음은 움직일 수 없는 진리이며 또한 남과의 약속은 지켜야 한다.

❖ **교각살우**(矯角殺牛) : 결점이나 흠을 고치려다가 수단이 지나쳐 그르친다는 뜻.

景	詩	墨	器
볕 경	글 시	먹 묵	그릇 기
行	讚	悲	欲
다닐 행	기릴 찬	슬플 비	하고자할 욕
維	羔	絲	難
얽을 유	염소 고	실 사	어려울 난
賢	羊	染	量
어질 현	양 양	물들 염	헤아릴 량

〈器欲難量〉 사람의 기량은 깊고 깊어서 헤아리기 어렵다.
〈墨悲絲染〉 흰 실에 검은 물이 들면 다시 희어지기 어려우니 사람도 친구를 조심해야 한다.
〈詩讚羔羊〉 시전 고양편에 문왕의 덕을 입어 남국 대부가 정직하게 됨을 칭찬하였다.
〈景行維賢〉 행실을 훌륭하게 하고 당당하게 하면 어진 사람이 될 수 있다.

❈ **구절양장**(九折羊腸) : 산길 따위가 양의 창자처럼 꼬불꼬불하고 험함.

〈尅念作聖〉 성인의 언행을 잘 생각하여 수양을 쌓으면 성인이 될 수 있다.
〈德建名立〉 덕으로써 세상의 모든 일을 행하면 자연 이름도 서게 된다.
〈刑端表正〉 형용이 단정하고 깨끗하면 마음도 바르며 표정에도 나타난다.
〈空谷傳聲〉 소리를 산골짜기에서 치면 그대로 전해진다.

❖ **군계일학**(群鷄一鶴) : 평범한 사람 가운데 홀로 뛰어난 사람을 이름. =계군일학(鷄群一鶴)

〈虛堂習聽〉 빈방에서 소리를 내면 울리어 다 들린다. 즉 착한 말을 하면 천리 밖에서도 응한다.
〈禍因惡積〉 재앙은 악에 인한 것임으로 재앙을 받는 이는 평일에 악을 쌓았기 때문이다.
〈福緣善慶〉 복은 착한 일에서 오는 것이니 착한 일을 하면 경사가 온다.
〈尺璧非寶〉 한 자 되는 구슬이라고 해서 결코 보배라고 할 수는 없다.

❖ **군웅할거**(群雄割據) : 여러 영웅들이 땅을 갈라 세력을 부림.

孝	曰	資	寸
효도 효	가로 왈	취할 자	마디 촌
當	嚴	父	陰
마땅 당	엄할 엄	아비 부	그늘 음
竭	與	事	是
다할 갈	더불 여	일 사	이 시
力	敬	君	競
힘 력	공경 경	임금 군	다툴 경

〈寸陰是競〉 보배로운 구슬보다 잠깐의 시간이 더욱 귀중하다.
〈資父事君〉 부모를 섬기는 효도로 임금을 섬겨야 한다.
〈曰嚴與敬〉 임금을 대하는 데는 엄숙함과 공경함이 있어야 한다.
〈孝當竭力〉 부모를 섬기는 데는 마땅히 힘을 다하여야 한다.

❖ 권모술수(權謀術數) : 때와 형편에 따라서 변하는 수단과 책략.

似 같을 사	夙 이를 숙	臨 임할 림	忠 충성 충
蘭 난초 란	興 일 흥	深 깊을 심	則 곧 즉
斯 이 사	溫 더울 온	履 밟을 리	盡 다할 진
馨 향기 향	清 서늘할 청	薄 엷을 박	命 목숨 명

〈忠則盡命〉 충성한즉 목숨을 다하니 임금을 섬기는 데 몸을 사양해서는 안 된다.
〈臨深履薄〉 깊은 곳에 임하듯 하며 얇은 데를 밟듯이 모든 일에 주의하여야 한다.
〈夙興溫清〉 일찍 일어나서 추우면 덥게, 더우면 서늘하게 하는 것이 부모를 섬기는 절차이다.
〈似蘭斯馨〉 난초같이 꽃다우니 군자의 지조를 비유한 것이다.

※ **권선징악**(勸善懲惡) : 착한 일을 권하고 나쁜 일을 벌함.

容 얼굴용	淵 못 연	川 내 천	如 같을 려
止 그칠지	澄 맑을징	流 흐를류	松 솔 송
若 같을약	取 가질취	不 아니불	之 갈 지
思 생각사	映 비칠영	息 쉴 식	盛 성할성

〈如松之盛〉 소나무같이 푸르고 성함은 군자의 절개를 말한 것이다.
〈川流不息〉 냇물이 흘러 쉬지 아니하니 군자의 행동거지를 말한 것이다.
〈淵澄取映〉 못이 맑아서 비치니 군자의 마음을 말한 것이다.
〈容止若思〉 행동을 침착하게 하고 조용히 생각하는 태도를 가져라.

❖ 금과옥조(金科玉條) : 금이나 옥같이 소중하게 여겨 지켜야 할 법칙이나 규범.

榮	愼	篤	言
영화영	삼갈신	도타울독	말씀언
業	終	初	辭
업 업	마칠종	처음초	말씀사
所	宜	誠	安
바 소	마땅의	정성성	편안할인
基	令	美	定
터 기	하여금령	아름다울미	정할정

〈言辭安定〉 태도만 침착하게 할 것이 아니라 쓸데없는 말도 삼가하라.
〈篤初誠美〉 무슨일을 하더라도 처음에 신중히 하여야 한다.
〈愼終宜令〉 처음뿐만 아니라 끝맺음도 좋아야 한다.
〈榮業所基〉 이상과 같이 잘 지키면 번성하는 기본이 된다.

❖ **금상첨화**(錦上添花) : 좋고 아름다운 것 위에 더 좋은 것을 더함.

〈籍甚無竟〉 그뿐만 아니라 자신의 명예스러운 이름이 영원히 전하여질 것이다.
〈學優登仕〉 배운 것이 넉넉하면 벼슬길에 오를 수 있다.
〈攝職從政〉 벼슬을 잡아 정사에 좇는다는 뜻으로 정치에 참여하는 것을 말한다.
〈存以甘棠〉 주나라 소공이 아가위나무 아래서 백성을 교화시켰다.

※ **금의환향**(錦衣還鄉) : 타향(他鄉)에서 크게 성공하여 자기 고향에 돌아옴.

上 윗 상	禮 예도 례	樂 풍류 악	去 갈 거
和 화할 화	別 다를 별	殊 다를 수	而 말이을 이
下 아래 하	尊 높을 존	貴 귀한 귀	益 더할 익
睦 화목 목	卑 낮을 비	賤 천할 천	詠 읊을 영

〈去而益詠〉 소공이 죽은 후 남국의 백성들이 그의 덕을 추모하여 감당시를 읊었다.
〈樂殊貴賤〉 풍류는 귀천이 다르니 천자와 제후, 사대부가 각각 다르다.
〈禮別尊卑〉 예도에 존비의 분별이 있으니 군신·부자·부부·장유·붕유의 차별이 있다.
〈上和下睦〉 위에서 사랑하고 아래에서 공경함으로써 화목이 이루어진다.

※ **기호지세**(騎虎之勢) : 일을 하는 도중에 중단하려 해도 중단할 수 없는 경우를 이름.

諸	八	外	夫
모두제	들 입	밖 외	지아비부
姑	奉	受	唱
할미고	받들봉	받을수	부를창
伯	母	傅	婦
맏 백	어미모	스승부	며느리부
叔	儀	訓	隨
아재비숙	거동의	가르칠훈	따를수

〈夫唱婦隨〉 지아비가 부르면 지어미가 따르니 즉 원만한 가정을 말한 것이다.
〈外受傅訓〉 여덟살이 되면 밖의 스승에게서 가르침을 받아야 한다.
〈入奉母儀〉 집에 들어와서는 어머니를 받들어 종사한다.
〈諸姑伯叔〉 고모와 백부, 숙부 등은 친척임을 말한다.

❈ **난형난제**(難兄難弟) : 두 사물의 낫고 못함을 분간하기 어려움의 비유.

交	同	孔	猶
사귈 교	한가지 동	구멍 공	같을 유
友	氣	懷	子
벗 우	기운 기	품을 회	아들 자
投	連	兄	比
던질 투	연할 련	맏 형	견줄 비
分	枝	弟	兒
나눌 분	가지 지	아우 제	아이 아

〈猶子比兒〉 조카들도 자기의 아들과 같이 취급하여야 한다.
〈孔懷兄弟〉 형제는 서로 사랑하며 의좋게 지내야 한다.
〈同氣連枝〉 형제는 부모의 기운을 같이 받았으니 나무에 비하면 가지와 같다.
〈交友投分〉 벗을 사귀는 데는 서로 분에 맞는 사람끼리라야 한다.

※ **남가일몽**(南柯一夢) : 꿈과 같이 헛된 한 때의 부귀영화. = 남가지몽(南柯之夢)

⟨切磨箴規⟩ 열심히 닦고 배워 사람으로서의 도리를 지켜야 한다.
⟨仁慈隱惻⟩ 어진 마음으로 남을 사랑하고 또한 측은하게 여긴다.
⟨造次弗離⟩ 남을 동정하는 마음을 항상 간직하라.
⟨節義廉退⟩ 청렴·절개·의리·사양함과 물러감은 지켜야 한다.

❖ **노승발검**(怒蠅拔劍) : 파리를 보고 화를 내어 칼을 빼서 쫓음. 시시한 일에 화를 잘 냄.

守	心	性	顚
지킬 수	마음 심	성품 성	넘어질 전
眞	動	靜	沛
참 진	움직일 동	고요 정	자빠질 패
志	神	情	匪
뜻 지	귀신 신	뜻 정	아닐 비
滿	疲	逸	虧
가득할 만	숨가쁠 피	편안 일	이지러질 휴

〈顚沛匪虧〉 엎어지고 자빠져도 이지러지지 않으니 용기를 잃지 말아라.
〈性靜情逸〉 성품이 고요하면 뜻이 편안하니 고요함은 천성이요 동작함은 인정이다.
〈心動神疲〉 마음이 움직이면 신기가 피곤하니 마음이 불안하면 신기가 불편하다.
〈守眞志滿〉 사랑의 도리를 지키면 뜻이 충만하고 군자의 도를 지키면 뜻이 편안하다.

❖ **누란지세**(累卵之勢) : 포개어 놓은 달걀과 같이 몹시 위험하다는 뜻.

都	好	堅	逐
도읍 도	좋을 호	굳을 견	쫓을 축
邑	爵	持	物
고을 읍	벼슬 작	가질 지	만물 물
華	自	雅	意
빛날 화	스스로 자	맑을 아	뜻 의
夏	縻	操	移
여름 하	얽을 미	잡을 조	옮길 이

〈逐物意移〉 물건을 탐내어 욕심이 일면 마음도 변한다.
〈堅持雅操〉 맑은 절개와 지조를 굳게 지키면 나의 도리가 극진함이라.
〈好爵自縻〉 스스로 벼슬을 얻게 되어 천작을 극진히 하면 인작이 스스로 이르게 된다.
〈都邑華夏〉 도읍은 왕성의 지위를 말한 것이고 화하는 당시 중국을 칭하는 말이다.

❖ **능지처참**(陵遲處斬) : 머리, 몸, 손, 발을 토막치는 극형(極刑)

宮 집 궁	浮 뜰 부	背 등 배	東 동녘 동
殿 전각 전	渭 위수 위	邙 터 망	西 서녘 서
盤 소반 반	據 웅거할 거	面 낯 면	二 두 이
鬱 답답할 울	涇 경수 경	洛 낙수 락	京 서울 경

〈東西二京〉 동과 서에 두 서울이 있으니 동경은 낙양이고 서경은 장안이다.
〈背邙面洛〉 동경은 북에 북망산이 있고 낙양은 남에 낙천이 있다.
〈浮渭據涇〉 위수에 뜨고 경수를 눌렀으니 장안은 서북에 위천·경수 두 물이 있다.
〈宮殿盤鬱〉 궁전은 울창한 나무 사이에 서린듯 정하고.

※ 단금지교(斷金之交) : 사귀는 정이 매우 두터운 벗간의 교분.

丙 남녘병
畫 그림화
圖 그림도
樓 다락루
舍 집사
綵 채색채
寫 쓸사
觀 볼관
傍 곁방
仙 신선선
禽 새금
飛 날비
啓 열계
靈 신령령
獸 짐승수
驚 놀랄경

〈樓觀飛驚〉 궁전 안의 물견대(物見台)는 높아서 올라가면 나는 듯하여 놀란다.
〈圖寫禽獸〉 궁전 내부에는 유명한 화가들의 그림과 조각품들이 장식되어 있다.
〈畵綵仙靈〉 신선과 신령의 그림도 화려하게 채색되어 있다.
〈丙舍傍啓〉 병사 곁에 통고를 열어 궁전을 출입하는 사람들의 편리를 도모하였다.

※ **단도직입**(單刀直入) : 혼자서 칼을 휘두르고 거침없이 적진으로 쳐들어감.

〈甲帳對楹〉 아름다운 갑장이 기둥을 대하였으니 동방삭이 갑장을 지어 임금이 머무는 곳이다.
〈肆筵設席〉 자리를 베풀고 돗을 베푸니 연회하는 좌석이다.
〈鼓瑟吹笙〉 비파를 치고 저를 부니 잔치의 풍류이다.
〈陞階納陛〉 문무백관이 계단을 올라 임금께 납폐하는 절차이다.

※ 단순호치(丹脣皓齒) : 붉은 입술과 흰 이. 곧 아름다운 여자의 비유.

旣	左	右	弁
이미 기	왼쪽 좌	오른쪽 우	고깔 변
集	達	通	轉
모을 집	통할 달	통할 통	구를 전
墳	承	廣	疑
무덤 분	이을 승	넓을 광	의심 의
典	明	內	星
법 전	밝을 명	안 내	별 성

〈弁轉疑星〉 많은 사람들의 관에서 번쩍이는 구슬이 별인가 의심할 정도이다.
〈右通廣內〉 오른편에 광내가 통하니 광내는 나라 비서를 두는 집이다.
〈左達承明〉 왼편에 승명이 사모치니 승명은 사기를 교열하는 집이다.
〈旣集墳典〉 이미 분과 전을 모았으니 삼황의 글은 삼분이고 오제의 글은 오전이다.

※ **대기만성**(大器晚成) : 크게 될 사람은 늦게 이루어진다는 뜻.

府	漆	杜	亦
마을부	옻칠	막을두	또역
羅	書	藁	聚
벌릴라	글서	짚고	모을취
將	壁	鍾	群
장수장	벽벽	술잔종	무리군
相	經	隷	英
서로상	날실경	종례	꽃부리영

〈亦聚群英〉 또한 여러 영웅을 모으니 분전을 강론하여 치국하는 도를 밝힘이라.
〈杜藁鍾隷〉 초서를 처음으로 쓴 두고와 예서를 쓴 종례의 글로 비치되었다.
〈漆書壁經〉 한나라 영제가 돌벽에서 발견한 서골과 공자가 발견한 육경도 비치되어 있다.
〈府羅將相〉 마을 좌우에 장수와 정승이 벌려 있다.

❖ 대서특필(大書特筆) : 특히 드러내어 보이려고 큰 글자로 적어 표시함.

高 높을고	家 집가	戶 집호	路 길로
冠 갓관	給 줄급	封 봉할봉	俠 의기협
陪 모실배	千 일천천	八 여덟팔	槐 홰나무괴
輦 연련	兵 군사병	縣 고을현	卿 벼슬경

〈路俠槐卿〉 길에 고관인 삼공구경이 마차를 타고 궁전으로 들어가는 모습.
〈戶封八縣〉 한 나라가 천하를 통일하고 여덟 고을 민호를 주어 공신을 봉하였다.
〈家給千兵〉 제후나라에 일천 군사를 주어 그 집을 호위시켰다.
〈高冠陪輦〉 높은 관을 쓰고 연을 모시니 제후의 예로 대접했다.

❖ **독숙공방**(獨宿空房) : 부부가 한곳에 거처하지 못함. =독수공방(獨守空房).

〈驅轂振纓〉 수레를 몰 때 갓끈이 떨어지니 임금 출행에 제후의 위엄이 있다.
〈世祿侈富〉 대대로 녹이 사치하고 부하니 제후 자손이 관록을 대대로 이어 전함이라.
〈車駕肥輕〉 수레의 말은 살찌고 몸의 의복은 가볍게 차려져 있다.
〈策功茂實〉 공을 꾀함에 무성하고 충실하니라.

※ **동가식서가숙**(東家食西家宿) : 유랑생활을 이르는 말.

〈勒碑刻銘〉 비를 세워 그 이름을 새겨 그 공을 후세에 전하였다.
〈磻溪伊尹〉 문왕은 반계에서 강태공을 맞고 은왕은 신야에서 이윤을 맞았다.
〈佐時阿衡〉 때를 돕는 아형이니 아형은 상나라 재상의 칭호이다.
〈奄宅曲阜〉 주공의 공을 보답하는 마음으로 노국을 봉한 후 곡부에 궁전을 세웠다.

❖ **동가홍상**(同價紅裳) : 같은 값이면 다홍치마라는 뜻.

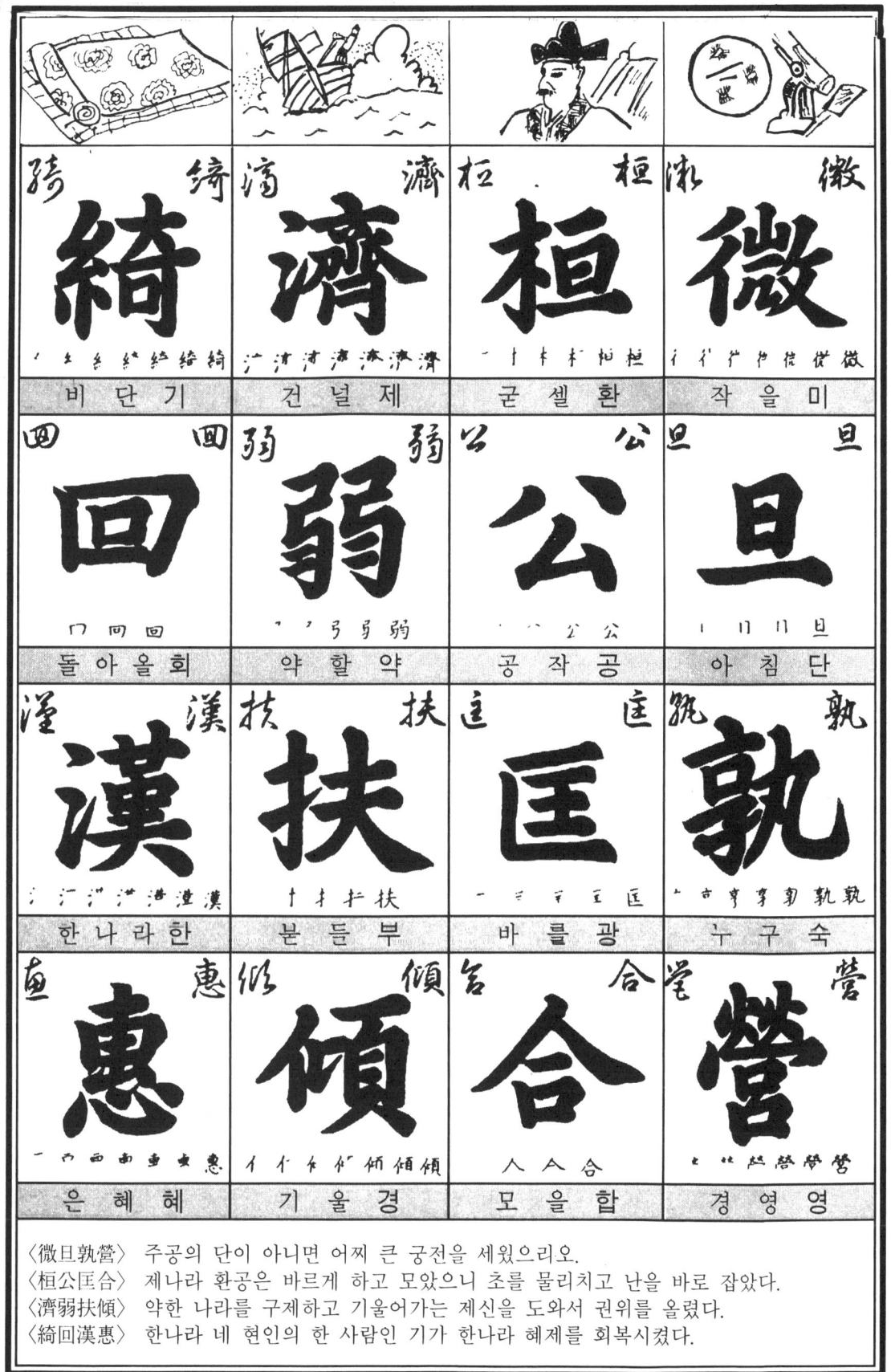

綺 비단 기
濟 건널 제
桓 굳셀 환
微 작을 미
回 돌아올 회
弱 약할 약
公 공작 공
旦 아침 단
漢 한나라 한
扶 붙들 부
匡 바를 광
孰 누구 숙
惠 은혜 혜
傾 기울 경
合 모을 합
營 경영 영

〈微旦孰營〉 주공의 단이 아니면 어찌 큰 궁전을 세웠으리오.
〈桓公匡合〉 제나라 환공은 바르게 하고 모았으니 초를 물리치고 난을 바로 잡았다.
〈濟弱扶傾〉 약한 나라를 구제하고 기울어가는 제신을 도와서 권위를 올렸다.
〈綺回漢惠〉 한나라 네 현인의 한 사람인 기가 한나라 혜제를 회복시켰다.

❖ **동문서답**(東問西答) : 묻는 말에 대하여 아주 딴판인 엉뚱한 대답.

晋	多	俊	說
나라진	많을다	준걸준	기뻐할열
楚	士	乂	感
나라초	선비사	어질예	감동할감
更	寔	密	武
다시갱	진실로식	빽빽할밀	호반무
霸	寧	勿	丁
으뜸패	편안할녕	말물	넷째정

〈說感武丁〉 부열이 들에서 역사함에 무정의 꿈에 감동되어 곧 정승을 삼으리라.
〈俊乂密勿〉 준걸과 재사가 조정에 모여 빽빽하더라.
〈多士寔寧〉 곧은 선비들이 많으니 국가가 태평함이라.
〈晋楚更霸〉 진과 초가 다시 으뜸이 되니 진문공과 초장왕이 패왕이 되니라.

❖ **동병상련**(同病相憐) : 어려운 사람끼리 동정하고 도움.

何 어찌 하	踐 밟을 천	假 거짓 가	趙 나라 조
遵 좇을 준	土 흙 토	途 길 도	魏 나라 위
約 언약 약	會 모을 회	滅 멸할 멸	困 곤할 곤
法 법 법	盟 맹세 맹	虢 나라 괵	橫 비낄 횡

〈趙魏困橫〉 조와 위는 횡에 곤하니 육국 때에 진나라를 섬기자함을 횡이라 하니라.
〈假途滅虢〉 길을 빌려 괵국을 멸하니 진헌공이 우국길을 빌려 괵국을 멸하니라.
〈踐土會盟〉 진문공이 제후를 천토에 모아 맹세하고 협천자영 제후하니라.
〈何遵約法〉 소하는 한고조로 더불어 약법 삼장을 정하여 준행하리라.

❖ **동분서주**(東奔西走) : 사방으로 이리저리 바삐 돌아다님.

〈韓弊煩刑〉 한비는 진왕을 달래 형벌을 시행하다가 그 형벌로서 죽는다.
〈起翦頗牧〉 백기와 왕전은 진의 장수이고 염파와 이목은 조의 장수였다.
〈用軍最精〉 군사 쓰기를 가장 정결히 하였다.
〈宣威沙漠〉 장수로서 그 위엄이 멀리 사막에까지 퍼졌다.

❖ **두문불출**(杜門不出) : 집안에만 들어앉아 세상 밖에 나가지 않음.

〈馳譽丹靑〉 명예를 생전뿐 아니라 죽은 후에도 전하기 위하여 초상을 기린각에 그렸다.
〈九州禹跡〉 하우씨가 구주를 분별하시니 기·연·청·서·양·형·예·옹·동 등 구주이다.
〈百郡秦幷〉 진시황이 천하봉군하는 법을 폐하고 일백군을 두었다.
〈嶽宗恒岱〉 오악은 동태·서화·남형·북항·중숭산이니 항산과 태산이 조종이라.

❖ **등룡문**(登龍門) : 뜻을 이루어 크게 영달함.

〈禪主云亭〉 운과 정은 천자를 봉선하고 제사하는 곳이니 운정은 태산에 있다.
〈鴈門紫塞〉 안문은 봄기러기가 북으로 가는고로 안문이고 흙이 붉은고로 자색이라 했다.
〈鷄田赤城〉 계전은 옹주에 있고 적성은 기주에 있는 고을이다.
〈昆池碣石〉 곤지는 운남 곤명현에 있고 갈석은 부평현에 있다.

❁ **등하불명**(燈下不明) : 등잔밑이 어둡다.

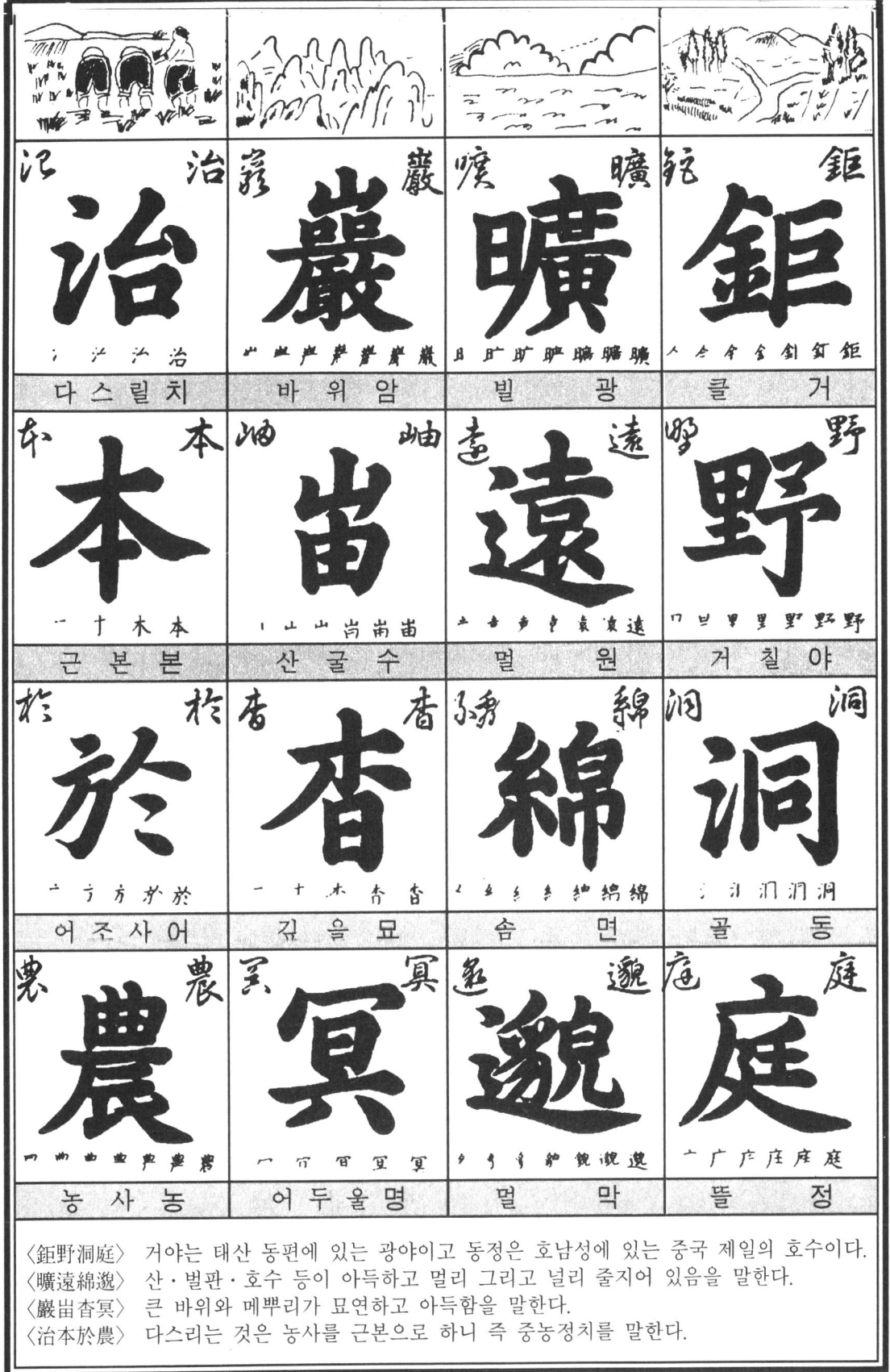

治	巖	曠	鉅
다스릴 치	바위 암	빌 광	클 거
本	峀	遠	野
근본 본	산굴 수	멀 원	거칠 야
於	杳	綿	洞
어조사 어	깊을 묘	솜 면	골 동
農	冥	邈	庭
농사 농	어두울 명	멀 막	뜰 정

〈鉅野洞庭〉 거야는 태산 동편에 있는 광야이고 동정은 호남성에 있는 중국 제일의 호수이다.
〈曠遠綿邈〉 산·벌판·호수 등이 아득하고 멀리 그리고 널리 줄지어 있음을 말한다.
〈巖峀杳冥〉 큰 바위와 메뿌리가 묘연하고 아득함을 말한다.
〈治本於農〉 다스리는 것은 농사를 근본으로 하니 즉 중농정치를 말한다.

❖ **마이동풍**(馬耳東風) : 남의 말을 귀담아 듣지 않고 지나쳐 흘려 버림을 이르는 말.

稅 거둘세	我 나 아	俶 비로소숙	務 힘쓸무
熟 익을숙	藝 심을예	載 실을재	茲 이 자
貢 바칠공	黍 기장서	南 남녘남	稼 심을가
新 새 신	稷 피 직	畝 이랑묘	穡 거둘색

〈務茲稼穡〉 때를 놓치지 말고 심고 거두는데 힘써야 한다.
〈俶載南畝〉 비로소 남양의 밭에서 농작물을 북돋아 기른다.
〈我藝黍稷〉 나는 기장과 피를 심는 농사일에 열중하겠다.
〈稅熟貢新〉 곡식이 익으면 부세하여 국용을 준비하고 신곡으로 종묘에 제사를 올린다.

※ 만사형통(萬事亨通) : 모든 일이 뜻처럼 잘 된다는 뜻.

庶 거의 서	史 사기 사	孟 맏 맹	勸 권할 권
幾 거의 기	魚 고기 어	軻 굴대 가	賞 상줄 상
中 가운데 중	秉 잡을 병	敦 도타울 돈	黜 내칠 출
庸 가운데 용	直 곧을 직	素 흴 소	陟 오를 척

〈勸賞黜陟〉 농민의 의기를 양양키 위하여 열심히 한 자는 상주고 게을리 한 자는 출척하였다.
〈孟軻敦素〉 맹자는 그 모친의 교훈을 받아 자사문하에서 배웠다.
〈史魚秉直〉 사어라는 사람은 위나라 태부였으며 그 성격이 매우 강직하였다.
〈庶幾中庸〉 어떠한 일이든지 한쪽으로 기울어지게 일하면 안된다.

❀ **만경창파**(萬頃滄波) : 한없이 넓고 푸른 바다.

貽	鑑	聆	勞
남길 이	거울 감	들을 령	수고로울 로
厥	貌	音	謙
그 궐	모양 모	소리 음	겸손 겸
嘉	辨	察	謹
아름다울 가	분별 변	살필 찰	삼갈 근
猷	色	理	勅
꾀 유	빛 색	이치 리	칙서 칙

〈勞謙謹勅〉 근로하고 겸손하며 삼가하고 신칙하면 중용의 도에 이른다.
〈聆音察理〉 소리를 듣고 거동을 살피니 비록 조그마한 일이라도 주의하여야 한다.
〈鑑貌辨色〉 모양과 거동으로 그 사람의 심리를 분별한다.
〈貽厥嘉猷〉 착한 일을 하여 자손에게 좋은 것을 남기어야 한다.

❋ **만수무강**(萬壽無疆) : 수명의 길이가 한이 없음을 이르는 말.

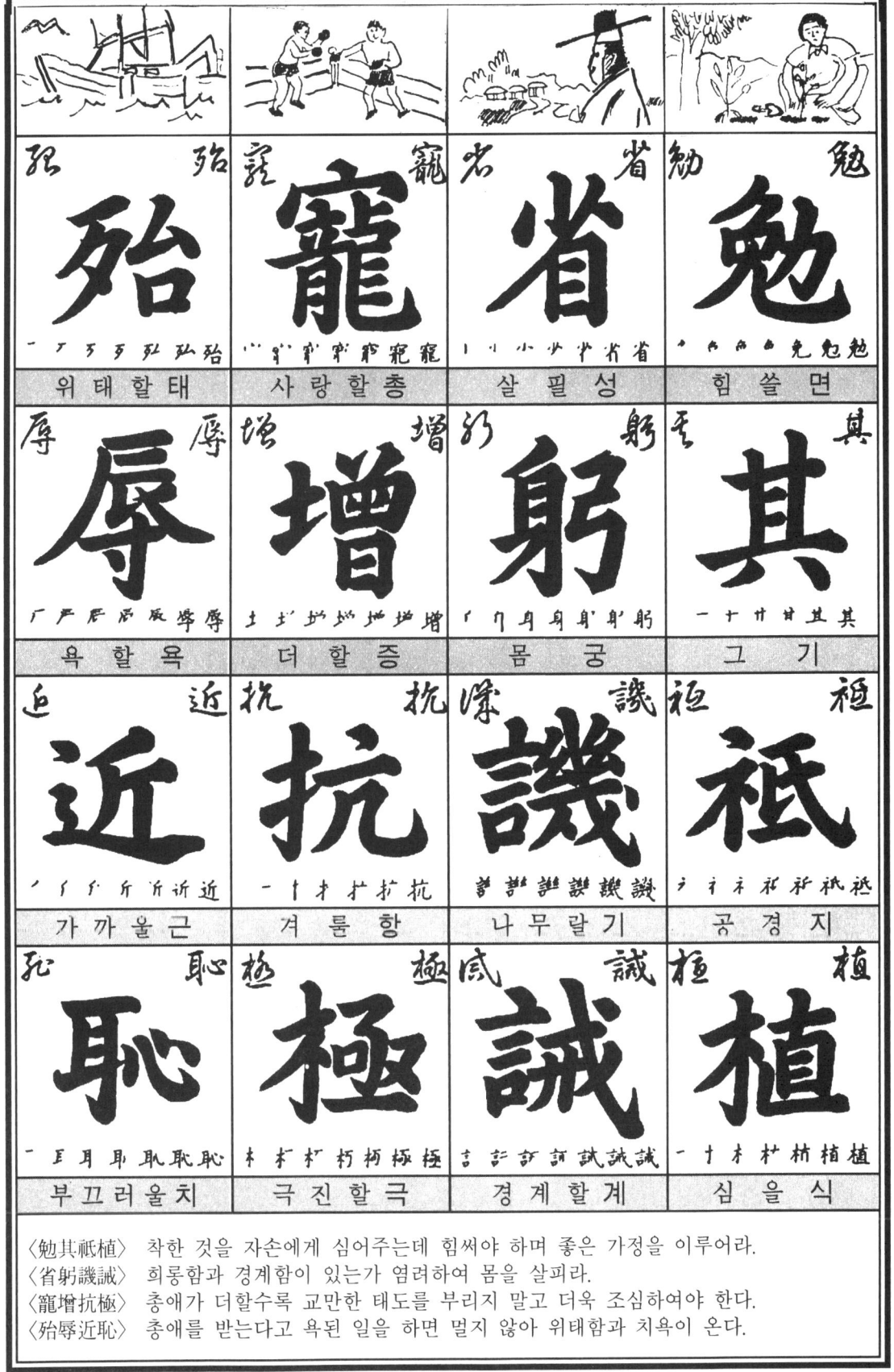

〈勉其祗植〉 착한 것을 자손에게 심어주는데 힘써야 하며 좋은 가정을 이루어라.
〈省躬譏誡〉 희롱함과 경계함이 있는가 염려하여 몸을 살피라.
〈寵增抗極〉 총애가 더할수록 교만한 태도를 부리지 말고 더욱 조심하여야 한다.
〈殆辱近恥〉 총애를 받는다고 욕된 일을 하면 멀지 않아 위태함과 치욕이 온다.

❖ **만시지탄**(晩時之歎) : 시기를 놓쳤음을 애통해하는 탄식.

索 찾을 색	解 풀 해	兩 두 량	林 수풀 림
居 살 거	組 짤 조	疏 멀 소	皐 언덕 고
閑 한가할 한	誰 누구 수	見 볼 견	幸 다행 행
處 곳 처	逼 닥칠 핍	機 틀 기	即 곧 즉

〈林皐幸即〉 부귀할지라도 겸퇴하여 산간수풀에서 사는 것도 다행한 일이다.
〈兩疏見機〉 한나라의 소광과 소수는 기틀을 보고 상소한 후 낙향했다.
〈解組誰逼〉 관의 끈을 풀고 사직하고 돌아가니 누가 핍박하리요.
〈索居閑處〉 퇴직하여 한가한 곳을 찾아 세상을 보냈다.

❖ **면종복배**(面從腹背) : 겉으로는 순종하는 체하고 속으로는 딴 마음을 먹음.

欣	散	求	沈
기쁠 흔	흩어질 산	구할 구	잠길 침
奏	慮	古	默
풍류 주	생각할 려	예 고	잠잠할 묵
累	逍	尋	寂
멜 루	노닐 소	찾을 심	고요할 적
遣	遙	論	寥
보낼 견	멀 요	의론 론	고요할 료

〈沈默寂寥〉 세상에서 나와서 교제하는 데도 언행을 침착하게 가져야 한다.
〈求古尋論〉 예를 찾아 의논하고 고인을 찾아 토론한다.
〈散慮逍遙〉 세상일을 잊어버리고 자연 속에서 한가롭게 즐김을 말한다.
〈欣奏累遣〉 기쁨을 아뢰고 더러움은 보내니

❖ **명약관화**(明若觀火) : 불을 보듯이 분명함.

枇 비파 비	園 동산 원	渠 개천 거	慼 슬플 척
杷 비파 파	莽 풀 망	荷 연 하	謝 사례 사
晚 늦을 만	抽 뺄 추	的 맞을 적	歡 기쁠 환
翠 푸를 취	條 가지 조	歷 지날 력	招 부를 초

〈慼謝歡招〉 마음속의 슬픈 것은 없어지고 즐거움만 부른듯이 오게 된다.
〈渠荷的歷〉 개천의 연꽃도 아름답고 향기 또한 잡아볼만하다.
〈園莽抽條〉 동산의 풀은 땅속 양분으로 가지가 뻗고 크게 자란다.
〈枇杷晚翠〉 비파나무는 늦은 겨울날에도 그 빛이 푸르다.

❖ **모순당착**(矛盾撞着) : 앞뒤의 이치가 서로 맞지 않음. =자가당착(自家撞着)

遊	落	陳	梧
놀 유	떨어질락	묵을진	오동오
鯤	葉	根	桐
고기곤	잎사귀엽	뿌리근	오동동
獨	飄	委	早
홀로독	날릴표	맡길위	이를조
運	颻	翳	凋
운전운	나부낄요	가릴예	마를조

〈梧桐早凋〉 오동나무는 가을이 되면 다른 나무보다 먼저 마른다.
〈陳根委翳〉 가을이 오면 오동뿐 아니라 고목의 뿌리는 시들어 마른다.
〈落葉飄颻〉 가을이 오면 낙엽이 펄펄 날리며 떨어진다.
〈遊鯤獨運〉 곤어는 북해의 큰 고기이며 홀로 창해를 헤엄쳐 논다.

※ **목불인견**(目不忍見) : 딱한 모양을 차마 눈뜨고 볼 수 없음.

易	寓	耽	凌
쉬울 이	살 우	즐길 탐	이길 능
輶	目	讀	摩
가벼울 유	눈 목	읽을 독	만질 마
攸	囊	翫	絳
멀 유	주머니 낭	구경 완	붉을 강
畏	箱	市	霄
두려울 외	상자 상	저자 시	하늘 소

〈凌摩絳霄〉 곤어가 봉새로 변하여 한번 날면 구천에 이르니 사람의 운수를 말한다.
〈耽讀翫市〉 한나라의 왕충은 독서를 즐겨 항상 서점에서 탐독하였다.
〈寓目囊箱〉 왕충은 글을 한번 읽으면 잊지 아니하여 주머니나 상자에 둠과 같다고 했다.
〈易輶攸畏〉 군자는 가볍게 움직이고 말하는 것을 두려워한다.

❖ **몽매간**(夢寐間) : 잠을 자며 꿈을 꾸는 동안.

飽 배부를 포	適 마침 적	具 갖출 구	屬 붙일 속
飫 배부를 어	口 입 구	膳 반찬 선	耳 귀 이
烹 삶을 팽	充 채울 충	飧 밥 손	垣 담 원
宰 재상 재	腸 창자 장	飯 밥 반	墻 담 장

〈屬耳垣墻〉 벽에도 귀가 있다는 말과 같이 경솔히 말하는 것을 조심하라.
〈具膳飧飯〉 반찬을 갖추고 밥을 먹으니
〈適口充腸〉 훌륭한 음식이 아니라도 입에 맞으면 배를 채운다.
〈飽飫烹宰〉 배가 부를 때에는 아무리 좋은 음식이라도 그 맛을 모른다.

❖ **무위도식**(無爲徒食) : 아무 하는 일 없이 먹고 놀기만 함.

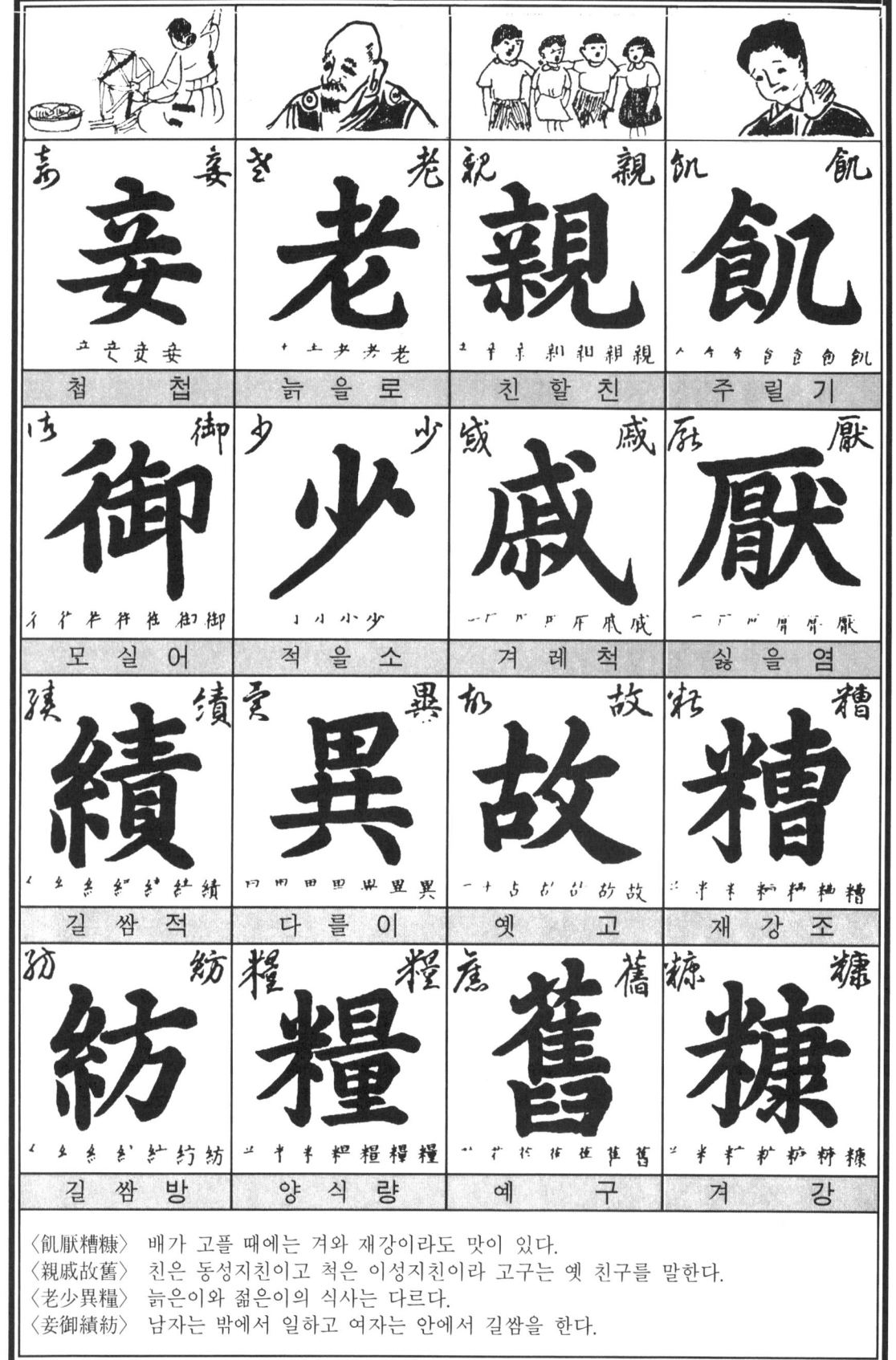

〈飢厭糟糠〉 배가 고플 때에는 겨와 재강이라도 맛이 있다.
〈親戚故舊〉 친은 동성지친이고 척은 이성지친이라 고구는 옛 친구를 말한다.
〈老少異糧〉 늙은이와 젊은이의 식사는 다르다.
〈妾御績紡〉 남자는 밖에서 일하고 여자는 안에서 길쌈을 한다.

❖ **무의무탁**(無依無托): 의지하고 의탁할 곳이 없음.

晝 낮 주	銀 은 은	紈 흰깁 환	侍 모실 시
眠 졸 면	燭 촛불 촉	扇 부채 선	巾 수건 건
夕 저녁 석	煒 빛날 휘	圓 둥글 원	帷 장막 유
寐 잘 매	煌 빛날 황	潔 맑을 결	房 방 방

〈侍巾帷房〉 유방에서 모시고 수건을 받드니 처첩의 하는 일이다.
〈紈扇圓潔〉 깁부채는 둥글고 조출하다.
〈銀燭煒煌〉 은촛대의 촛불은 빛나서 휘황찬란하다.
〈晝眠夕寐〉 낮에 낮잠 자고 밤에 일찍 자니 한가한 사람의 일이다.

❖ **문외한**(門外漢) : 그 일에 전문가가 아닌 사람.

〈藍筍象床〉 푸른 대순과 코끼리 상이니 즉 한가한 사람의 침상이니라.
〈絃歌酒讌〉 거문고를 타며 술과 노래로 잔치하니
〈接杯擧觴〉 작고 큰 술잔을 서로 주고받으며 즐기는 모습이다.
〈矯手頓足〉 손을 들고 발을 두드리며 춤을 춘다.

❖ **문전성시**(門前成市) : 권세가나 부자가 되어 집 앞이 방문객으로 저자를 이루다시피 함.

〈悅豫且康〉 이상과 같이 마음편히 즐기고 살면 단란한 가정이다.
〈嫡後嗣續〉 적실 즉 장남은 뒤를 계승하여 대를 잇는다.
〈祭祀蒸嘗〉 제사하되 겨울 제사는 증이라 하고 가을 제사는 상이라 한다.
〈稽顙再拜〉 이마를 조아려 선조에게 두 번 절한다.

❖ 반목질시(反目嫉視) : 서로 눈을 흘기며 시기하고 미워함.

骸	顧	牋	悚
뼈 해	돌아볼고	글 전	두려울송
垢	答	牒	懼
때 구	대답답	편지첩	두려울구
想	審	簡	恐
생각상	살필심	대쪽간	두려울공
浴	詳	要	惶
목욕욕	자세상	중요요	두려울황

〈悚懼恐惶〉 송구하고 공황하니 엄숙하고 공경함이 지극하다.
〈牋牒簡要〉 글과 편지는 간략함을 요한다.
〈顧答審詳〉 편지의 회답도 자세히 살펴 써야 한다.
〈骸垢想浴〉 몸에 때가 끼면 목욕하기를 생각하며

❖ **발본색원**(拔本塞源) : 폐단의 근본을 아주 뽑아서 없애버림.

誅 벨 주	駭 놀랄 해	驢 나귀 려	執 잡을 집
斬 벨 참	躍 뛸 약	騾 노새 라	熱 더울 열
賊 도둑 적	超 뛸 초	犢 송아지 독	願 원할 원
盜 도둑 도	驤 달릴 양	特 특별할 특	凉 서늘할 량

〈執熱願凉〉 더우면 서늘하기를 원한다.
〈驢騾犢特〉 나귀와 노새와 송아지 즉 가축을 말한다.
〈駭躍超驤〉 뛰고 달리며 노는 가축의 모습을 말한다.
〈誅斬賊盜〉 역적과 도적을 베어 물리치고

❖ **배은망덕**(背恩忘德) : 남에게 입은 은덕을 잊어서 저버림.

恬 편안염
稽 산이름혜
布 베 포
捕 잡을포
筆 붓 필
琴 거문고금
射 쏠 사
獲 얻을획
倫 인륜륜
阮 이름완
遼 멀 료
叛 반할반
紙 종이지
嘯 휘파람소
丸 둥글환
亡 도망망

〈捕獲叛亡〉 배반하고 도망하는 자를 잡아 죄를 다스린다.
〈布射遼丸〉 한나라의 여포는 활을 잘 쏘았고 의료는 탄자를 잘 던졌다.
〈嵇琴阮嘯〉 위나라의 혜강은 거문고를 잘 타고 완적은 휘파람을 잘 불었다.
〈恬筆倫紙〉 진국 봉녕은 토끼털로 처음 붓을 만들었고 후한 채륜은 처음 종이를 만들었다.

❖ **백계무책**(百計無策) : 있는 꾀를 다 써 봐도 별수 없음.

毛 터럭모	竝 어우를병	釋 풀을석	鈞 고를균
施 베풀시	皆 다개	紛 어지러울분	巧 재주교
淑 맑을숙	佳 아름다울가	利 이할리	任 맡길임
姿 모양자	妙 묘할묘	俗 풍속속	釣 낚시조

〈鈞巧任釣〉 위국 마균은 지남거를 만들고 전국시대 임공자는 낚시를 만들었다.
〈釋紛利俗〉 이상 팔인의 재주를 다하여 어지러움을 풀어 풍속에 이롭게 하였다.
〈竝皆佳妙〉 모두가 아름다우며 묘한 재주였다.
〈毛施淑姿〉 모는 오의 모타라는 여인이고 시는 월의 서시라는 여인인데 모두 절세미인이다.

❖ **백골난망**(白骨難忘) : 백골이 되어도 깊은 은덕을 잊을 수 없음.

璇 구슬선	羲 기운희	年 해년	工 장인공
璣 구슬기	暉 빛날휘	矢 살시	嚬 찡그릴빈
懸 달현	朗 밝을랑	每 매양매	姸 고울연
斡 돌알	曜 빛날요	催 재촉최	笑 웃음소

〈工嚬姸笑〉 이 두 여인의 웃는 모습이 곱고 아름다웠다.
〈年矢每催〉 세월이 화살같이 빠른 것을 말한다.
〈羲暉朗曜〉 태양빛과 달빛은 온 세상을 비추어 만물에 혜택을 주고 있다.
〈璇璣懸斡〉 선기는 천기를 보는 기구이며 높이 걸려 도는 것을 말한다.

❀ **백년해로**(百年偕老) : 남편과 아내가 화락하게 함께 늙음.

矩	永	指	晦
곡자구	길영	손가락지	그믐회
步	綏	薪	魄
걸음보	편안할유	섶신	넋백
引	吉	修	環
이끌인	길할길	닦을수	고리환
領	邵	祐	照
거느릴령	높을소	도울우	비칠조

〈晦魄環照〉 달이 고리와 같이 돌며 천지를 비추는 것을 말한 것이다.
〈指薪修祐〉 불타는 나무와 같은 정열로 도리를 닦으면 복을 얻는다.
〈永綏吉邵〉 그리고 영구히 편안하고 길함이 높으리라.
〈矩步引領〉 걸음을 바르게 걷고 행실도 바르니 위의가 당당하다.

❖ **반목질시**(反目嫉視) : 서로 눈을 흘기며 시기하고 미워함.

〈俯仰廊廟〉 항상 남묘에 있는 것으로 생각하고 머리숙여 예의를 지켜라.
〈束帶矜莊〉 의복을 단정하게 함으로써 긍지를 갖는다.
〈徘徊瞻眺〉 같은 장소를 배회하면서 두루 보는 모양이다.
〈孤陋寡聞〉 배운 것이 고루하고 들은 것이 적다(천자문 저자 자신을 겸손하게 말한 것).

❖백중지세(伯仲之勢) : 우열의 차이가 없이 엇비슷함.

焉	謂	愚
어찌 언	이를 위	어리석을 우
哉	語	蒙
비로소 재	말씀 어	어릴 몽
乎	助	等
부를 호	도울 조	무리 등
也	者	誚
이끼 야	놈 자	꾸짖을 초

〈愚蒙等誚〉 적고 어리석어 몽매함을 면치 못한다는 것을 말한다.
〈謂語助者〉 어조라 함은 한문의 조사 즉 다음 글자이다.
〈焉哉乎也〉 언·재·호·야 네 글자는 어조사이다.

❖ 백척간두(百尺竿頭) : 위태하고 어려운 것이 더할 수 없는 지경에 이른 것을 말함.

原本吐解 明心寶鑑

繼善篇 〔끊임없는 선행〕

子曰爲善者는 天報之以福하고 爲不善者는 天報之以禍니라

[해] 공자 가로되 「선을 행하는 자에게는 하늘이 이에 복으로써 갚으며, 선하지 못한 자에게는 하늘이 이를 화로써 갚느니라.」

〈참고〉 공자(孔子 : 서기전 552~479) = 중국 춘추(春秋) 시대 노(魯)나라의 대학자·정치가·유교의 아버지로 세계 3대 성인의 한 사람이다. 이름은 구(丘), 자(字)는 중니(仲尼).

漢昭烈이 將終에 勅後主曰勿以善小而不爲하고 勿以惡小而爲之하라

[해] 한나라의 소열제는 임종에 즈음하여 후주(유선=劉禪)에게 칙어를 남겼는데 가로되 「선이 작다고 해서 이를 범해서는 안되며 악이 작다고 해서 이를 행하지 아니해서는 안되느니라.」

〈참고〉 소열(昭烈) = 한(漢) = 중국 고대 촉한(蜀漢)의 나라 이름으로 전한(前漢)과 후한(後漢)의 나라이름. 성은 유(劉), 이름은 비(備), 자는 현덕(玄德)이며, 소열은 시호.

莊子-曰一日不念善이면 諸惡이 皆自起라하니라

[해] 장자 가로되 「하루라도 선을 생각하지 않는다면 모든 악이 저절로 일어나느니라.」

〈참고〉 장자(莊子 : 서기전 365~290) = 중국 전국(戰國) 시대의 송(宋)나라 사람으로 이름은 주(周)

太公이 曰見善如渴하고 聞惡如聾하라 又曰善事란 須貪하고 惡事란 莫樂하라

[해] 태공 가로되 「선을 보거든 갈증난 것같이 하고 악을 듣거든 귀머거리와 같이 하라.」 또 가로되 「착한 일은 모름지기 탐내어 하고 악한 일은 즐겨하지 말지어다.」

〈참고〉 태공(太公) = 중국 주(周)나라 초기의 현자(賢者)로 성은 강(姜), 이름은 여상(呂尙)이라 한다. 서기전 1122년 지금의 중국 산동성(山東省) 태생이며 문왕(文王)이 위수(渭水)가를 지나다 만나 스승을 삼았다고 한다.

馬援이 曰終身行善이라도 善猶不足이요 一日行惡이라도 惡自有餘라하니라

[해] 마원 가로되 「일생동안 선을 행할지라도 선은 오히려 부족하며, 하루동안 악을 행할지라도 악은 그대로 남아 있느니라.」

〈참고〉 마원(馬援 : 서기전 11~서기 49) = 중국 후한(後漢) 사람으로 자(字)는 문연(文淵)이며 광무제(光武帝)를 도와서 티벳족을 정벌하고 남방교지(南方交趾)의 반란을 평정, 흉노(匈奴) 토벌 등 많은 무공을 세웠다.

司馬溫公이 曰積金以遺子孫이라 未必子孫이 能盡讀이니 不如積陰德於冥冥之中하야 以爲子孫之計也라하니라

[해] 사마온공이 가로되 「금을 쌓아서 자손에게 남겨준다해도 자손이 반드시 능히 다 지키지 못할 것이요, 책을 쌓아서 자손에게 남겨준다해도 자손이 반드시 다 읽지 못할 것이니 남모르는 가운데 음덕을 쌓아서 자손을 위한 계교로 삼느니만 같지 못하느니라.」

✢ **백팔번뇌**(百八煩惱) : 불교에서 나온 말로, 인간의 과거·현재·미래에 걸친 108가지 번뇌를 말함.

《참고》 사마온공(司馬溫公 : 1019~1086)=중국 북송(北宋)의 정치가이며 학자이다. 이름은 광(光), 자는 군실(行實), 문정공(文正公)은 시호이다.

景行錄에 曰恩義를 廣施하라 人生何處不相逢이랴 讐怨을 莫結하라 路逢狹處면 難回避니라

해 경행록에 가로되 "은혜와 덕의 의(恩義=은혜와 덕의 의(義)=사람으로서 마땅히 지켜야 할 도덕상의 의리)를 널리 베풀어니라, 원수를 맺지 말라. 좁은 길에서 만나면 어느 곳에서 만나지 않으랴, 원수를 맺지 말라. 좁은 길에서 만나게 되면 피하기가 어려우니라."

《참고》 경행록(景行錄)=송(宋)나라 때 만든 책으로 떳떳하고 밝은 행위를 하라고 가르친 책이다.

莊子―曰於我善者도 我亦善之하고 於我惡者도 我亦善之니라 我既於人에 無惡이면 人能於我에 無惡哉인저

해 장자가 가로되 "나에게 선하게 하는 자에게도 나 역시 선하게 하고, 나에게 악하게 하는 자에게도 나 역시 선하게 할지니라. 내가 이제까지 남에게 악하게 하지 않았으니 남도 능히 나에게 악하게 함이 없으리라."

東岳聖帝垂訓에 曰一日行善이라 福雖未至나 禍自遠矣오 一日行惡이라 禍雖未至나 福自遠矣니 行善之人은 如春園之草하여 不見其長이라 日有所增하고 行惡之人은 如磨刀之石이라 不見其損이라 日有所虧니라

해 동악성제가 내린 가르침에 가로되 "하루동안 복은 금방 이르지 않으나 화는 저절로 멀어질 것이오. 하루동안 악을 행할지라도 화는 금방 이르지 않으나 복은 저절로 멀어질 것이니라. 착한 일을 행하는 사람은 봄동산의 풀과 같아서 그 자라는 것은 보이지 않으나 날마다 자라나는 바가 있고 악을 행하는 사람은 칼가는 숫돌과 같아서 갈수록 닳아 없어지는 것과 같으니라. 날이 갈수록 닳아 없어지는 것과 같으니라."

《참고》 동악성제(東岳聖帝)=도가(道家)에 속하며, 성명과 연대는 미상이나 성현의 한 사람이다.

子―曰見善如不及하고 見不善如探湯하라

해 공자 가로되 "착한 것을 보거든 아직도 부족함을 깨닫고 착하지 못한 것을 보거든 끓는 물을 더듬는 것과 같이 하라."

天命 篇 〔하늘에 순종하는 길〕

子―曰順天者는 存하고 逆天者는 亡이니라

해 공자 가로되 "하늘에 순종하는 사람은 남고 하늘을 거스르는 사람은 망하느니라."

康節邵先生이 曰天聽이 寂無音하니 蒼蒼何處尋고 非高亦非遠이라 都只在人心이니라

❖ 부창부수(夫唱婦隨) : 남편 주장에 아내가 따르는 것이 부부화합의 도라는 뜻.

康節邵 선생 가로되 "저 하늘은 고요하여 소리가 없이 멀고 아득하니 어느 곳에서 하느님의 들으심을 알랴, 높지도 않고 또한 멀지 않는 곳 모두가 다만 사람의 마음에 있는 것이니라."

〈참고〉 강절소(康節邵 : 1011∼1077) = 송나라 때 유학자로 성은 소(邵), 이름은 옹(雍), 자는 요부(堯夫), 강절(康節)은 시호.

玄帝垂訓에 曰人間私語라도 天聽은 若雷하고 暗室欺心이라도 神目은 如電이니라

해 현제가 내린 가르침에서 가로되 "사람들의 사사로운 말일지라도 신의 눈은 번개와 같으니라."

益智書에 云惡鑵이 若滿이면 天必誅之니라

해 익지서에 이르기를 "나쁜 마음이 단지에 가득 차면 하늘이 반드시 천벌로 대할 것이니라."

〈참고〉 익지서(益智書) = 송(宋)나라 때에 만들어진 교양에 관한 책.

莊子ㅣ 曰若人이 作不善야하 得顯名者는 人雖不害나 天必戮之라니

해 장자 가로되 "만일 사람이 착하지 못한 일을 하고서 이름을 세상에 나타낸 자는, 사람은 비록 해치지 못할지라도 하늘은 반드시 무찌를 것이니라."

種瓜得瓜요 種豆得豆니 天網이 恢恢야하 疎而不漏라니

해 씨앗이 외일진대 외를 얻을 것이오, 콩씨라면 콩을 얻는다. 하늘의 그물은 굉장히 넓어서 눈은 성기지만 빠뜨리지는 않느니라.

子ㅣ曰獲罪於天면이 無所禱也라니

해 자왈 죄를 하늘에서 얻으면 빌 곳도 없느니라.

順命篇 〔숙명의 길〕

공자 가로되 "하늘로부터 죄를 얻으면 빌 곳이 없느니라."

子ㅣ曰死生이 有命이오 富貴在天라이니

해 공자 가로되 "죽고 사는 것은 명에 있고 부귀를 이룸은 하늘에 있느니라."

萬事分已定늘이어 浮生 空自忙라이니

해 만사는 이미 분수가 정해져 있는데 덧없는 사람들이 바삐 날뛰느니라.

景行錄에 云禍不可倖免오이 福不可再求라니

해 경행록에 이르기를 "화는 요행으로 면할 수 없으며 복은 두번 다시 구하지 못하느니라."

時來風送縢王閣오이 運退雷轟薦福碑라

해 때를 만나면 바람이 불어 등왕각에 보내지고, 운이 없으면 벼락이 떨어진다.

〈참고〉 등왕각(縢王閣) = 양자강 유역 남창(南昌)에 있는 누각. 천복비(薦福碑) = 강서성(江西省) 천복사(薦福寺)에 있던 비로 원(元)나라 때 마치원(馬致遠)이 세운 것이라는 설도 있고 당나라때 구양순(歐陽詢)이 비문을 썼다는 설도 있다.

列子ㅣ曰痴聾痼痖도 家豪富요 智慧聰明도 却受貧라이 年月日時ㅣ該載定니하 算來由命不

68

❖ **분골쇄신(粉骨碎身)** : 뼈가 가루가 되고 몸이 부서지도록 노력함.

孝行篇 (효행편) 〔부모에게 보답하는 길〕

詩曰 父兮生我하시고 母兮鞠我하시니 哀哀父母여 生我劬勞삿다 欲報深恩인대 昊天罔極이로다

해) 시전에 가로되 "아버지 날 낳으시고 어머니 날 기르시니 슬프고 슬프도다 어버이시여, 나를 낳아 기르시느라고 애쓰셨도다. 그 깊은 은혜를 갚고자 할진대 넓은 하늘과 같이 끝이 없느니라."

참고) 시전(詩傳) = 시경(詩經)을 해설한 것으로 공자(孔子)가 편찬행 다고 한다.
사서(四書) : 논어(論語), 맹자(孟子), 중용(中庸), 대학(大學).
삼경(三經) : 시전(詩傳・서전(書傳), 주역(周易).

子-曰 孝子之事親也에 居則致其敬하고 養則致其樂하고 病則致其憂하고 喪則致其哀하고 祭則致其嚴이니라

해) 공자 가로되 "효자가 어버이를 섬길진대 기거하실 때에는 공경함을 다 하고 받들어 섬김에는 즐거움을 다하고 병드신 때에는 근심을 다 하고 돌아가신 때에는 슬픔을 다하고 제사지낼 때에는 엄숙함을 다 하고"

子-曰 父母-在어시든 不遠遊하며 遊必有方이니라

해) 공자 가로되 "부모가 계실 때에는 멀리 떨어져 놀지 말 것이며, 놀때는 반드시 그 가는 곳을 알릴찌니라."

子-曰 父-命召어시든 唯而不諾하고 食在口則吐之니라

해) 공자 가로되 "아버지께서 부르시면 속히 공손히 대답하여 거스 리지 말고 입에 음식이 있거든 곧 이를 토하고 대답할찌니라."

太公이 曰 孝於親이면 子亦孝之하나니 身旣不孝면 子何孝焉이리오

해) 태공 가로되 "어버이께 효도하면 자식 또한 효도하리요. 이 몸이 효도하지 못하였으면 자식이 어찌 효도하리요."

孝順은 還生孝順子요 忤逆은 還生忤逆子하나니 不信커든 但看簷頭水하라 點點滴滴不差移니라

해) 효순(孝順)은 착하고 효성스런) 한 사람은 효순한 자식을 낳을 것 이요, 오역(悟逆 = 어긋나고 거스르는 것)한 사람은 오역한 자식을 낳나니 믿지 못하겠거든 저 처마끝의 낙수를 보아라. 방울방울 떨 어짐이 어긋남이 없느니라.

正己篇 (정기편) 〔옳바른 성품과 하늘에 이치〕

性理書에 云 見人之善而尋己之善하고 見人

〈참고〉 열자(列子) = 이름은 어구(御寇)이며 전국(戰國)시대 초기 노 나라의 철학자로 그의 사상을 엮은 책, 〈열자〉가 있다.

由人이니
해) 열자 가로되 "어리석고 귀먹고 고질이 있고 벙어리인데도 호화 로운 부자요, 지혜있고 총명하지만 도리어 가난하니라. 운(運)은 해 와 달, 날과 시가 마땅히 정해져 있으니 부귀와 가난은 사람으로 말미암음에 있지 않고 천명에 있느니라."

✤ **불문곡직(不問曲直)** : 옳고 그른 것을 묻지 않음.

之惡而尋己之惡이니 如此면 方是有益이라

〈참고〉 성리서(性理書) = 송(宋) 나라때 유학(儒學)의 한 계통인 인간의 심성(心性)과 우주의 원리를 연구하는 학문.

해 경행록에 이르기를 「남의 착한 것을 보고 나의 착한 것을 찾을 것이니, 이와 같이 함으로써 바야흐로 이는 유익함이 되느니라.」

景行錄에 云大丈夫ㅣ 當容人이언정 無爲人所容이니라

해 태공 가로되 「대장부는 마땅히 남을 용서할찌언정 남의 용서를 받는 사람되지 말찌니라.」

太公曰勿以貴己而賤人하고 勿以自大而蔑小하고 勿以恃勇而輕敵이니라

해 태공 가로되 「내 몸이 귀하다고 남을 천하게 여기지 말며 자신이 크다고 남의 작은 것을 업신여기지 말며 용맹을 믿고서 적을 가벼히 생각지 말찌니라.」

馬援이 曰聞人之過失이어든 如聞父母之名하여 耳可得聞이언정 口不可言也니라

해 마원이 가로되 「남의 허물을 듣거든 어버이의 이름을 듣는 것같이 하여 귀로 들을찌언정 입으로 말하지 말찌니라.」

康節邵先生이 曰聞人之謗이라도 未嘗怒하며 聞人之譽도라 未嘗喜하며 聞人之惡이라도 未嘗和하며 聞人之善則就而和之하고 又從而喜之라니 其

詩에 曰樂見善人하며 樂聞善事하며 樂道善言하고 樂行善意하고 聞人之惡이어든 如負芒棘하고 聞人之善이어든 如佩蘭蕙라니라

해 강절소 선생 가로되 「남의 비방을 들을찌라도 곧 성내지 말며 남의 칭찬을 들을찌라도 곧 기뻐하지 말며 다른 사람의 악한 애기를 듣더라도 이에 답하고 화내지 말며 다른 사람의 좋은 애기를 듣거든 나아가 즐겁게 하고 기뻐하며 따르라.」 그의 시에 가로되 「착한 사람 보기를 즐겨하며 착한 일 듣기를 즐겨하며 착한 말하기를 즐겨하며 착한 뜻 행하기를 즐겨하라. 남의 악한 것을 듣거든 가시를 몸에 지닌 것같이 하고 남의 착한 것을 듣거든 향초(영지와 난초)를 지닌 것같이 하니라.」

道吾善者는 是吾賊이오 道吾惡者는 是吾師니라

해 나의 착함을 말해 주는 사람은 곧 나의 적이요, 나의 좋지 못한 것을 말해 주는 사람은 곧 나의 스승이니라.

太公이 曰勤爲無價之寶요 愼是護身之符라니

해 태공이 가로되 「부지런히 일하는 것은 값을 매길 수 없는 보배요, 삼가함은 몸을 지키는 부적이니라.」

景行錄에 曰保生者는 寡慾하고 保身者는 避名이니 無慾은 易나 無名은 難이니라

해 경행록에 가로되 「삶을 안전하게 보전하려는 자는 욕심을 적게 하고 몸을 안전하게 보전하려는 자는 세상에 이름을 내려하지 않으니 욕심을 없애기는 쉬우나 이름을 내려하지 않기는 어려우니라.」

子ㅣ曰君子ㅣ有三戒니하 少之時엔 血氣未定이

❖ **불구대천**(不俱戴天) : 같은 하늘 밑에서 살 수 없다는 것. 즉 어버이의 원수를 말함.

戒之在色하고 及其壯也앤 血氣方剛이라 戒之在鬪하고 及其老也앤 血氣旣衰라 戒之在得이니라

[해] 공자 가로되 "군자는 세가지 경계할 것이 있으니 어릴 때는 혈기가 정하여 있지 아니한지라 경계할 것은 여색(女色)에 있고 장성함에 이르러선 혈기가 바야흐로 굳센지라 경계할 것은 싸움에 있으며 늙음에 이르러선 혈기가 이미 쇠한지라 경계할 것은 탐욕에 있느니라."

孫眞人養生銘에 云怒甚偏傷氣요 思多太損神이며 神疲心易役이요 氣弱病相因이라 勿使悲歡極하고 當令飮食均하며 再三防夜醉하고 第一戒晨嗔하라

[해] 손진인의 양생명에 이르기를 "성내기를 심히 하면 기운을 상하며 생각이 많으면 크게 정신을 상하느니라. 정신이 피로하면 마음이 수고스러워지기 쉽고 기운이 약하면 병이 나느니라. 슬퍼하고 기뻐하는 것을 심하게 하지 말고, 음식은 마땅히 고르게 하며 밤에 술취하는 것을 거듭 금하고 새벽녘에 성내는 것을 첫째로 삼가하라."

〈참고〉 손진인(孫眞人) = 도가(道家)에 속하는 사람으로 이름은 알려지지 않았음. 양생명(養生銘) = 몸과 마음을 건강하게 해서 오래 살기를 꾀하는 계명.

景行錄에 日食淡精神爽이요 心淸夢寐安이니라

[해] 경행록에 가로되 "음식이 깨끗하면 정신이 상쾌하고 마음이 맑으면 편히 잘 수 있느니라."

定心應物하면 雖不讀書라도 可以爲有德君子니라

[해] 마음가짐을 바로 잡고 사물(事物)을 대하면 비록 글을 읽지 못하더라도 능히 덕 망있는 군자가 되느니라.

近思錄에 云懲忿을 如故人하고 窒慾을 如防水하라

[해] 근사록에 이르기를 "분노를 징계하기를 옛 성인과 같이 하고 욕심막기를 물막듯이 하라."

〈참고〉 근사록(近思錄) = 송(宋)나라때 주자(朱子)와 그의 제자인 여조겸(呂祖謙)이 함께 지은 책으로 인격 수양에 필요한 금언 조목을 추려내어 14부로 나누어져 있다.

夷堅志에 云避色을 如避讐하고 避風을 如避箭하며 莫喫空心茶하고 少食中夜飯하라

[해] 이견지에 이르기를 "여색 피하기를 원수 피하듯이 하며 바람 피하기를 화살 피하듯이 하고 빈 속에 차를 마시지 말고 밤중에는 밥을 적게 먹으라."

〈참고〉 이견지(夷堅志) = 송(宋) 나라때 사람인 홍매(洪邁 : 1123~1202)가 민간의 이상한 일이나 이야기를 모아 엮은 설화집으로 420권으로 되어 있다.

荀子-日無用之辨과 不急之察을 棄而勿治하라

[해] 순자 가로되 "쓸데없는 말과 급하지 아니한 일은 그만두고 다스리지 말라."

〈참고〉 순자(荀子 : 서기전 240~345) = 성악설(性惡說)을 주장하였으며 저서로는 〈순자〉가 있다.

子-日衆이 好之라도 必察焉하며 衆이 惡之라도 必察焉이니라

[해] 증자 가로되 "뭇사람이 좋아할찌라도 반드시 살필 것이니라. 뭇 사람이 미워할찌라도 반드시 살필 것이니라."

酒中不語는 眞君子요 財上分明은 大丈夫니라

✤ **비몽사몽간**(非夢似夢間) : 꿈인지 생시인지 알 수 없는 어렴풋한 상태.

萬事從寬이면 其福自厚니라
해 모든 일에 너그러우면 그 복이 저절로 두터워 지느니라.

太公이 曰 欲量他人인댄 先須自量하라 傷人之語는 還是自傷이니 含血噴人이면 先汚其口니라
해 태공이 가로되 "남을 저울질하려 거든 먼저 잠깐 자신을 저울질하라. 남을 상하게 하는 말은 도리어 스스로를 상하게 하는 짓이니, 피를 머금어 남에게 뿜으면 먼저 제 입이 더러워지느니라.

凡戲는 無益이오 惟勤이 有功이니라
해 모든 놀이는 이로움이 없고 오직 부지런함만이 보람이 있느니라.

太公이 曰 瓜田에 不納履하고 李下에 不正冠이니라
해 태공이 가로되 "남의 외밭을 갈 때는 신을 고쳐 신지 말것이요, 오얏나무 아래에선 갓을 고쳐 쓰지 말것이니라."

景行錄에 曰 心可逸이언정 形不可不勞요 道可樂이언정 心不可不憂니 形不勞則怠惰易弊하고 心不憂則荒淫不定故로 逸生於勞而常休하고 樂生於憂而無厭이니 逸樂者는 憂勞를 豈可忘乎아
해 경행록에 가로되 "마음은 편할찌언정 육신은 가히 일을 하지 아니할 수 없고 도(道)는 즐거울찌라도 마음 한즉 게을러져서 허물어 지지 않을 수 없나니 우환을 생각하지 아니 할수 없나니 육신은 일을 하지 아니한즉 게을러져서 허물어 지지 않을 수 없고 도(道)는 즐거울찌라도 마음 한즉 가히 우환을 생각지 아니 할수 없나니 편안하고 즐거운 자가 근심과 수고로움을 어찌 잊겠느냐."

耳不聞人之非하고 目不視人之短하고 口不言人之過라야 庶幾君子니라
해 귀로는 남의 그릇됨을 듣지 말고, 눈으로는 남의 허물을 보지 말고, 입으로는 남의 결점을 말하지 않아야만 이것이 군자이니라.

蔡伯皆 曰 喜怒는 在心고하 言出於口니하 不可不愼이니라
해 채백개 가로되 "기뻐하고 노여워하는 것은 마음에 있고 말은 입에서 나오는 것이니 삼가하지 아니할 수 없느니라."
(참고) 채백개(蔡伯皆) = 후한(後漢) 때의 학자로 이름은 옹(邕), 자(字)는 백개이다. 《채중랑전집(蔡中郎全集)》을 저술했다.

宰予ㅣ 晝寢이어늘 子ㅣ 曰 朽木은 不可雕也요 糞土之牆은 不可圬也니라
해 재여는 낮잠을 자거늘 공자 가로되 "썩은 나무는 새길 수 없고 더럽고 썩은 흙으로 쌓은 담은 흙손질을 할 수 없느니라."
(참고) 재여(宰予) = 춘추(春秋)시대 노(魯)나라 사람으로 자(字)는 자아(子我)・재아(宰我) 라고도 하며 공자(孔子)의 제자중의 한 사람.

紫虛元君誠諭心文에 曰 福生於淸儉하고 德生於卑退하고 道生於安靜하고 命生於和暢하고 憂生於多慾하고 禍生於多貪하고 過生於輕慢하고 罪生

✢ 사고무친(四顧無親) : 의지할 데가 도무지 없음.

於不仁이니 戒眼莫看他非하고 戒口莫談他短하며
戒心莫自貪嗔하고 戒身莫隨惡伴하라 無益之言을
莫妄說하고 不干己事를 莫妄爲하라 尊君王孝
父母하며 敬尊長奉有德하고 別賢愚恕無識하고 物
順來而勿拒하며 物既去而勿追하고 身未遇而勿
望하며 事已過而勿思하라 聰明도 多暗昧요 算計도
失便宜라 損人終自失이오 依勢禍相隨라 戒之
在心하고 守之在氣라 爲不節而亡家하고 因不廉
而失位니라 勸君自警於平生하나니 可歎可警而
可思니라 上臨之以天鑑하고 下察之以地祇라 明
有三法相繼하고 暗有鬼神相隨라 惟正可守요
心不可欺니 戒之戒之하라

景行錄에 云知足可樂이오 務貪則憂라

安分篇 〔만족과 분수의 한계〕

知足者는 貧賤亦樂이오 不知足者는 富貴亦憂니라

濫想은 徒傷神이오 妄動은 反致禍라

❖ **사면초가(四面楚歌)**: 사면이 모두 적에게 포위된 경우와 고립된 경우를 이루는 말.

知足常足이면 終身不辱하고 知止常止면 終身無
恥니라.
<해> 넉넉한 줄을 알고 항상 만족하면 종신토록 욕되지 아니하고 그칠 줄을 알고 항상 그치면 종신토록 부끄러움이 없느니라.

書에 曰滿招損하고 謙受益이라니
<해> 서전에 가로되 "가득찬 것은 덜림을 불러오고 겸손하면 이로움을 받느니라."
〈참고〉 서경(書經) = 삼경의 하나로 중국 요순(堯舜) 때부터 주(周)나라 때까지 정사에 관한 문서를 공자가 수집하여 편찬한 책으로 후에 송(宋)나라의 채침(蔡沈)이 해설한 것을 서전(書傳)이라고 하며 20권 58편이다.

安分吟에 曰安分身無辱이오 知機心自閑이니 雖
居人世上이나 却是出人間이라니
<해> 안분음에 가로되 "나이 분수를 지키면 몸에 욕됨이 없을 것이요. 세상 돌아가는 형편을 잘 알면 마음이 스스로 한가하니 비록 인간 세상에 살찌라도 도리어 인간 세상에서 벗어난 것이니라."

子曰不在其位하야 不謀其政이라니
<해> 공자 가로되 "그 직위에 있지 않으면 그 정사(政事)를 펴지 않느니라."

景行錄에 云坐密室을 如通衢하고 馭寸心을 如

六馬면 可免過니라니
<해> 경행록에 "밀실에 앉았다 할지라도 마치 여섯 필의 네거리에 앉은 것처럼 하고 작은 마음을 제어하기를 마치 여섯 필의 말을 부리듯 하면 가히 허물을 면하느니라."

擊壤詩에 云富貴를 如將智力求라대 仲尼도 年
少合封侯라 世人은 不解靑天意하고 空使身
心半夜愁라니
<해> 격양시에 이르기를 "부귀를 지혜와 힘으로 구할 수 있는 것이라면 중니(仲尼)도 젊은 나이에 마땅히 제후(諸侯)에 봉해졌을 것이니라. 세상 사람들은 푸른 하늘의 뜻을 알지 못하고 헛되이 몸과 마음으로 하여금 한밤중에 근심하게 하느니라."
〈참고〉 격양시(擊壤詩) = 송(宋)나라때 소옹(邵雍)이 지은 이천격양시집(伊川擊壤詩集)에 있는 시로 20권으로 되어 있다.

范忠宣公이 戒子弟曰人雖至愚나 責人則
明하고 雖有聰明이나 恕己則昏이니 爾曹는 但當以
責人之心으로 責己하고 恕己之心으로 恕人則不患
不到聖賢地位也니라.
<해> 범충선공이 아들을 훈계하여 말하기를 "비록 지극히 어리석은 사람일지라도 남을 꾸짖는 것은 밝고, 비록 총명할지라도 자기를 용서함에는 어두우니 너희들은 마땅히 남을 꾸짖는 마음으로써 자기를 꾸짖고 자기를 용서하는 마음으로써 남을 용서한다면 성현의 경지에 이르지 못할 것을 근심할 것이 없느니라."
〈참고〉 범충선(范忠宣) = 중국 북송(北宋) 때의 재상으로 지극히 효성스러웠으며 인종(仁宗) 때의 명신 범중엄(范仲淹)의 둘째 아들이다. (純仁), 시호는 충선(忠宣)으로 이름은 순인

❖ 사이비(似以非) : 외면은 근사하고, 내용은 그 반대인 것.

子―曰聰明思睿도라 守之以愚고하 功被天下하도라 守之以讓고 勇力振世라도 守之以怯고하 富有四

해 공자 가로되 「총명하고 생각이 뛰어날지라도 어리석은체 하여야 하고 공적이 천하를 뒤덮을지라도 사양하는 마음으로써 이를 지켜야 하고 용맹이 세상을 떨칠지라도 무서워 하는 마음으로써 이를 지켜야 하고 부가 사해(四海)=온 천하(불) 수미산의 사방에 있는 큰 바다)에 있을지라도 이를 겸손으로써 지켜야 하느니라.

海도라 守之以謙이니

素書에云薄施厚望者는 不報하고 貴而忘賤者는

不久라니

해 소서에 이르기를 「박하게 베풀고 후한 것을 바라는 자에게는 보답이 없고 몸이 귀하게 돼서 천했던 때를 잊는 자는 오래 계속 하지 못하느니라.

〈참고〉 소서(素書) = 한(漢) 나라 때의 장상영(張商英)이 주(註)를 달아 펴낸 병서이다. 그후 송(宋)나라의 황석공(黃石公)이 지은 책으로 있는 것을 장상영이 주(註)를 달아 펴낸 병서이다.

施恩勿求報고하 與人勿追悔라하

해 은혜를 베풀거든 그 보답을 바라는 것을 생각하지 말고 남에게 주 었거든 후에 뉘우치지 말찌니라.

孫思邈이 日膽欲大而心欲小고하 知欲圓而行

欲方이니

해 손사막 가로되 「담력은 크게 갖되 마음가짐은 작게 하고 지혜 는 원만함을 바라되 행동은 방정토록 바라야 하느니라.

〈참고〉 손사막(孫思邈) = 당(唐)나라 때의 명의로 〈천금방(千金方)〉 권을 저술하였다.

念念要如臨戰日고하 心心常似過橋時라니

해 생각하는 것을 매일 싸움터에 나아가는 것같이 하고 마음은 항 상 다리를 건느는 때와 같이 해야 하느니라.

懼法朝朝樂이오 欺公日日憂라니

해 법을 두려워하면 언제나 즐거울 것이오, 나라일을 속이면 날마 다 근심이 되느니라.

朱文公이 日守口如瓶고하 防意如城라하

해 주문공 가로되 「입을 지키는 것을 병(甁)과 같이 하고 뜻을 막 기를 성(城)을 지키는 것같이 하라」.

〈참고〉 주문공(朱文公) = 남송(南宋) 때의 대유학자인 주자(朱子)를 일 컬음이며 이름은 희(熹), 자는 원회(元晦) 또는 중회(仲晦), 호는 회 암(晦庵)이다. 성리학(性理學)을 대성시켰으며 이를 주자학(朱子學) 이라고도 한다. 〈소학(小學)〉, 〈근사록(近思錄)〉 등을 지었다.

心不負人면이 面無慙色이라니

해 마음이 남에게 부끄러움이 없으면 얼굴은 부끄러운 빛이 없 느니라.

人無百歲人나이 枉作千年計라니

해 사람은 백살 사는 사람이 없건만 잘못은 천년의 계교를 짓느 니라.

寇萊公六悔銘에 云官行私曲失時悔요 富不

儉用貧時悔요 藝不少學過時悔요 見事不學

用時悔요 醉後狂言醒時悔요 安不將息病時

悔라니

75

✤ 사필귀정(事必歸正) : 모든 일은 반드시 바른 데로 돌아감.

구래공 육회명에 이르기를 「벼슬아치가 사사로운 일을 행하면 벼슬을 잃었을 때 뉘우치게 되고, 부유했을 때에 검소하지 아니하면 가난해졌을 때 뉘우칠 것이요. 기술은 젊었을 때에 배우지 아니하면 때가 지나갔을 때에 뉘우칠 것이요. 취한 뒤에 광언은 술이 깨어서서 뉘우칠 것이요. 건강할 때에 몸조심 하지 아니하면 병들었을 때에 뉘우칠 것이니라.

(참고) 구래공(寇萊公) = 북송(北宋) 진종(眞宗) 때의 재상으로 성은 구(寇), 이름은 준(準), 자는 평중(平仲)으로 요(遼) 나라가 침입했을 때 이를 잘 수습한 공으로 내국공(萊國公)에 봉해졌기 때문에 구래공이라 불리워졌다.

益智書에 云寧無事而家貧이언정 莫有事而家富요
寧無事而住茅屋이언정 不有事而住金屋이요
寧無病而食麁飯이언정 不有病而服良藥이니라

해 익지서에 이르기를 「아무 걱정없이 집이 가난할지언정 걱정있는 부자집이 되지 말 것이요. 아무 걱정없이 모옥(茅屋=이엉이나 따위로 이은 조그마한 집)에 살지언정 걱정있는 좋은 집에서 살지 말 것이요, 차라리 병없이 거친 밥을 먹을지언정 있어서 약을 먹지 말 것이니라.」

景行錄에 云責人者는 不全交요 自恕者는 不
改過라니

해 경행록에 이르기를 「남을 꾸짖는 자는 사귀지 못할 것이요, 스스로 용서하는 자는 허물을 고치지 못하느니라.」

夙興夜寐하여 所思忠孝者는 人不知나 天必知

숙흥야매 : 일찍 일어나서부터 밤에 잠들 때까지 충효를 생각하는 자는 남들이 알지 못하고 제몸만 힘써 지키는 자는 몸은 비록 배불리 먹고 따뜻하게 입고 제몸만 힘써 지키는 자는 어찌할 것인가.

之요 飽食煖衣하여 怡然自衛者는 身雖安이나 其如
子孫에 何오

해 아침에 일찍 일어나서부터 밤에 잠들 때까지 충효를 생각하는 자는 남들이 알지 못하고 하늘이 반드시 이를 알 것이요, 배불리 먹고 따뜻하게 입고 제몸만 힘써 지키는 자는 몸은 비록 편안하나 그 자손은 어찌할 것인가.

以愛妻子之心으로 事親則曲盡其孝요 以保富
貴之心으로 奉君則無往不忠이오 以責人之心으로
責己則寡過요 以恕己之心으로 恕人則全交라

해 처자(妻子)를 사랑하는 마음으로써 어버이를 섬긴다면 그 효도도 곡진(曲盡=간곡한 정성을 다함)할 것이요, 부귀를 보전하려는 마음으로써 임금을 받든다면 어느때나 충성이 아니됨이 없을 것이요, 남을 꾸짖는 마음으로써 자기를 꾸짖는다면 허물이 적을 것이요, 자기를 용서하는 마음으로써 남을 용서한다면 온전히 사귀느니라.

爾謀不臧이면 悔之何及이며 爾見不長이면 敎之何
益이리 利心專則背道요 私意確則滅公이라이니

해 너의 꾀함이 옳지 못하면 뉘우친들 무슨 가르친들 무슨 이익이 있으리오. 너의 보는 것이 뛰어나지 못하면 가르친들 무슨 이익이 있으리오. 이익만 생각하면 오로지 도(道)에 어긋나지고 사사로운 일을 굳으면 큰 일을 다하지 못하느니라.

生事事生이오 省事事省이라

해 일은 만들어 하면 일이 생기고 일을 덜면 일은 없어진다.

心安茅屋穩이오 性定菜羹香이라

해 마음이 편안하면 오두막 집도 안락할 것이오, 타고난 본성이 어질면 나물국도 향기롭다.

❖ 산자수명(山紫水明) : 산이 푸르고 물이 맑다는 말. 산수의 경치가 썩 좋음.

戒性篇 〔사람의 성품〕

景行錄에 云人性이 如水야하 水一傾則不可復이오 性一縱則不可反이니 制水者는 必以堤防고하 制性者는 必以禮法라이니

해 경행록에 이르기를 「사람의 성품은 물과 같아서 물이 한번 쏟아지면 돌이킬 수 없고 성품이 한번 방종해지면 바로 잡을 수 없을 것이니 물을 막으려면 반드시 둑으로써 되고 성품을 옳게 하려면 반드시 예법으로써 하느니라.

忍一時之忿이면 免百日之憂라이니

해 한 때의 분함을 참으면 백날의 근심을 면할 수 있느니라.

得忍且忍이오 得戒且戒라하 不忍不戒면 小事成

해 참을 수 있거든 참을 것이오, 경계할 수 있거든 경계하라. 참지못하고 경계하지 않으면 일이 크게 되느니라.

愚濁生嗔怒는 皆因理不通라이 休添心上火고하 只作耳邊風라하 長短은 家家有요 炎凉은 處處

同라이 是非無相實여하 究竟摠成空이니

해 어리석고 못난 자가 성내는 것은 다 근본 이치를 잘 알지 못 함이니라. 마음 위에 불을 더하지 말고 다만 귓전을 스치는 바람결로 여겨라. 길고 짧음은 집집마다 있을 것이요, 따뜻하고 서늘함은 도처가 같으니라. 옳고 그름은 본래 모양이 없어서 마침내는 모두가 다 빈 것이 되느니라.

子張이 欲行에 辭於夫子할새 願賜一言이 爲修身之美이다노 子―曰百行之本이 忍之爲上라이니 子張이 曰何爲忍之고닛 子―曰天子―忍之면 國無害고하 諸候―忍之면 成其大고하 官吏―忍之면 進其位고하 兄弟―忍之면 家富貴고하 夫妻―忍之면 終其世고하 朋友―忍之면 名不廢고하 自身이 忍之면 無禍害라니

해 자장이 떠나고자 공자께 하직할새「원하옵건대 한 말씀 내리시기를 원했다. 자기의 행실을 고치고 선으로 나아가는 데의 아름다움을 삼을 한 말씀 내리시기를 원했다.」공자 가로되「모든 행실의 근본은 참는 것이 으뜸이 되느니라.」자장이 가로되「어찌하면 참는다 하옵니까.」공자 가로되「천자가 참으면 나라에 해가 없고 임금을 섬기는 사람들이 참으면 그 지위가 올라가고 형제가 참으면 집안이 부귀하고 부부가 참으면 일생을 해로(偕老)하고 친구끼리 참으면 이름이 깎이지 아니하고 자신이 참으면 재앙이 없느니라.」

子張이 曰不忍則如何고닛 子―曰天子―不忍이면 國空虛고하 諸候―不忍이면 喪其軀고하 官吏―不忍이면 刑法誅고하 兄弟―不忍이면 各分居고하 夫妻―不忍이

❖ 산전수전(山戰水戰) : 세상 일에 대하여 겪은 온갖 경험.

不忍이면 令子孤하고 朋友ㅣ不忍이면 情意疎하고 自
身이 不忍이면 患不除라니 子張曰善哉善哉라 難
忍難忍여이 非人不忍이오 不忍非人이다이로
라.

해 자장 가로되 「참지 아니하면 어떠합니까」. 공자 가로되 「천자가 참지 아니하면 나라가 텅비게 되고 제후가 참지 아니하면 그 몸을 잃고 벼슬아치가 참지 아니하면 형법(刑法)에 의하여 베이게 되고 형제가 참지 아니하면 따로, 헤어져서 살게 되고 부부가 참지 아니하면 자식은 외롭게 되고 친구끼리 참지 아니하면 정과 뜻이 서로 갈리고 자신이 참지 아니하면 근심이 덜어지지 아니하느니라」. 자장 가로되 「참으로 좋으신 말씀이십니다. 참는 것은 어렵고도 다. 사람이 아니면 참지 못할 것이오, 참지 않으면 사람이 아니로다」.

景行錄에 云屈己者는 能處重하고 好勝者는 必
遇敵이라니

해 경행록에 이르기를 「자기 스스로 굽히는 자는 능히 중요한 일을 잘 처리하고 이기기를 좋아하는 자는 반드시 적을 만나느니라」.

惡人이 罵善人이든커 善人은 摠不對라하라 不對는 心
淸閑이오 罵者는 口熱沸라니 正如人唾天여하 還從
己身墜라니

해 악한 사람이 착한 사람을 꾸짖거든 착한 사람은 이에 대꾸하지 말지어다. 대꾸하지 않는 사람의 마음은 맑고 한가할 것이오, 꾸짖는 사람의 입은 뜨겁게 끓어 오르니라. 마치 사람이 하늘에다 대고 침을 뱉는 것 같아서 도로 자기 몸에 떨어지느니라.

我若被人罵라도 佯聾不分説하라 譬如火燒空여하
不救自然滅라이 我心은 等虛空늘이어 摠爾翻脣
舌이니

해 내가 만약 남에게 욕설을 들을찌라도 거짓 귀머거리 같이 하여 시비를 가려 말하지 말 것이니라. 비유하건대 불이 허공에서 타는 것 같거늘 끄려 하지 아니하여도 저절로 꺼지느니라. 내 마음은 허공과 같거늘 너의 입술과 혀만이 쉬지 않고 엎어졌다 뒤집혔다 하느니라.

凡事에 留人情이면 後來에 好相見이니

해 모든 일에 다사로운 마음을 남겨두면 뒷날 만났을 때는 좋은 낯으로 서로 보게 되리라.

勤學篇 [부지런히 배워 학문에 힘씀]

子ㅣ曰博學而篤志하고 切問而近思면 仁在其
中矣니라

해 공자 가로되 「널리 배워서 뜻을 두텁게 하고 묻기를 가까이 하면 인(仁)은 그 가운데 있느니라」.

莊子ㅣ曰人之不學은 如登天而無術하고 學而
智遠이면 如披祥雲而覩青天하고 登高山而望
四海라니

❖ **삼천지교(三遷之敎)**: 맹자(孟子)의 어머니가 맹자를 가르치기 위하여 세 번 집을 옮겼다는 고사.

『禮記』에 曰 玉不琢이면 不成器고 人不學이면 不知義라니

[해] 예기에 가로되 "옥은 쪼아 모양을 다듬지 않으면 그릇이 되지 못하고, 사람은 배우지 않으면 의(義)를 알지 못하느니라."

[참고] 예기(禮記) = 오경(五經)의 하나로 대성(戴聖)이 주(周)나라 말기부터 진한(秦漢) 시대의 제도와 예법 등을 수록한 책으로 주례(周禮)·의례(儀禮)와 함께 삼례(三禮)라고 한다.

太公이 曰 人生不學이면 如冥冥夜行이라니

[해] 태공이 가로되 "사람이 배우지 않으면 희미한 어두운 밤길을 다니는 것과 같으니라."

韓文公이 曰 人不通古今이면 馬牛而襟裾라니

[해] 한문공이 가로되 "사람은 고금의 성인의 가르침을 알지 못하면 말과 소에 옷을 입힌 것과 같으니라."

[참고] 한문공(韓文公: 768~824) = 당(唐)나라 덕종(德宗) 때의 문학자로 이름은 유(愈), 자는 퇴지(退之)이다. 당송(唐宋) 팔대가(八大家)의 한 사람으로 꼽힌다. 저서로는 《창려선생집(昌黎先生集)》이 있다.

朱文公이 曰 家若貧이라도 不可因貧而廢學이요 家若富라도 不可恃富而怠學이니 貧若勤學이면 可以立身이요 富若勤學이면 名乃光榮이니 惟見學者顯達이요 不見學者無成이라니 學者는 乃身

[해] 주문공이 가로되 "만약 집이 가난하여도 가난한 것으로 인하여 배우지 아니하면 안 되고 만약 집이 부유하더라도 부유한 것을 믿고 배움을 게을리 하지 말 것이니 가난한 자가 부지런히 배운다면 입신할 수 있을 것이요, 부유한 자가 부지런히 배운다면 더욱 빛날 것이니라. 오직 배워서 지식을 넓히는 자는 입신출세하는 것을 볼 것이요. 배우는 것은 군자가 되는 것이요 배우지 아니하는 자는 마땅히 소인이 될 것이니라. 뒷날 배우는 자는

之寶요 學者는 乃世之珍이라니 是故로 學則乃爲君子요 不學則爲小人이니 後之學者는 各勉之라니

[해] 주문공이 가로되 "배우는 자는 세상의 보배요, 배우지 아니하면 소인이 되는 것이요 배우는 것은 군자가 되는 것이요 배우지 아니하면 소인이 될 것이니라. 이런 고로 배우는 자는 마땅히 각각 힘써야 하느니라."

徽宗皇帝 曰 學者는 如禾如稻코 不學者는 如蒿如草兮여 如禾如稻兮여 國之精糧이요 世之大寶다로 如蒿如草兮여 耕者憎嫌고 鋤者煩惱-니라 他日面墻에 悔之已老다로

[해] 휘종황제가 가로되 "배운 사람은 쑥이나 풀과 같도다. 모와 벼 같음이여, 나라의 좋은 양식이요, 세상의 보배로다. 쑥이나 풀 같음이여, 밭가는 이가 싫어하고 미워하며 김매는 이가 수고롭고 더욱 힘이 드느니라. 뒷날 면장(面墻=식견이 좁음)을 뉘우쳐도 그때는 늙었도다."

論語에 曰 學如不及이요 惟恐失之라니

[해] 논어에 가로되 "배우는 것을 다하지 못한 것 같이 할 것이요,

❖ 상아탑(象牙塔) : 학자들이 조용히 들어앉아 연구에 몰두하는 연구실.

訓子篇 〔가르치는 길〕

景行錄에 云賓客不來門戶俗하고 詩書無教면 子孫愚라니라

[해] 경행록에 이르기를 「손님이 오지 아니하면 집안이 천하여지고 시서(詩書 = 詩經과 書經)를 가르치지 아니하면 자손이 어리석어지느니라.」

莊子-曰事雖小나 不作이면 不成이오 子雖賢이나 不教면 不明이라니

[해] 장자 가로되 「비록 일은 작더라도 하지 않으면 이루지 못할 것이요, 자식은 비록 어질지라도 가르치지 않으면 현명하지 못하느니라.」

漢書에 云黃金滿篇이 不如教子一經이요 賜子千金이 不如教子一藝라니

[해] 한서에 이르기를 「황금이 상자에 가득차 있을지라도 자식에게 경서(經書 = 유교의 경전 (사서·오경))한 권만 가르치는 것만 같지 못하고, 자식에게 천금을 물려주는 것이 한가지 재주를 가르치는 것만 같지 못할 것이니라.」

〔참고〕 한서(漢書) = 전한(前漢), 즉 고조(高祖)에서 왕망(王莽)까지 229년 동안의 역사를 기록한 책으로 반표(班彪)가 시작한 것을 반고(班固)가 이루었으며, 그의 누이동생인 반소(班昭)가 고쳐 완성

〔참고〕 논어(論語) = 사서(四書)의 하나로 공자(孔子)가 죽은 뒤에 제자들이 그의 성품과 행실과 말을 모아 엮은 책으로 7권 20편으로 되어 있는 유교의 경전(經典)이다.

오직 배운 것을 잊을까 두려워 할찌니라.

했다. 모두 120권으로 되어 있다.

至樂은 莫如讀書요 至要는 莫如教子라니

[해] 지극히 즐거움은 자식을 가르치는 것만 같음이 없고 지극히 필요한 것은 책을 읽는 것만 같음이 없느니라.

呂榮公이 曰內無賢父兄하고 外無嚴師友而能有成者는 鮮矣라니

[해] 여영공 가로되 「집안에 어진 어버이와 형이 없고 밖으로 엄한 스승과 벗이 없으면 능히 뜻하는 바를 이룰 수 있는 자가 드므니라.」

〔참고〕 여영공(呂榮公) = 북송(北宋) 때의 학자로 이름은 희철(希哲), 자는 원명(原明)이고 영(榮)은 시호.

太公이 曰男子失教면 長必頑愚하고 女子失教면 長必麤疎라니

[해] 태공 가로되 「남자가 가르침을 놓치면 자라서 반드시 부량하고 어리석어지고 여자도 가르치지 아니하면 자라서 반드시 거칠고 솜씨가 없느니라.」

男年長大든 莫習樂酒하고 女年長大든 莫令遊走라니

[해] 남자가 장성하거든 풍류나 술 먹기를 배우지 말게 하고, 여자가 장성하거든 놀러다니지 못하게 할찌니라.

嚴父는 出孝子하고 嚴母는 出孝女라니

[해] 엄한 아버지는 효자를 내고 엄한 어머니는 효녀를 길러내느

❖ 상전벽해(桑田碧海) : 세상 일이 덧없이 변천함이 심함을 비유하는 말.

省心篇 (上) 〔마음을 살펴 반성하는 길〕

憐兒든 多與棒하고 憎兒든 多與食이라하니라.
해 아이를 어여삐 여기거든 매를 많이 때리고 아이를 미워하거든 밥을 많이 주어라.

人皆愛珠玉이나 我愛子孫賢이니라.
해 남들은 모두 주옥(珠玉)을 사랑하나 나는 자손의 어진 것을 사랑하느니라.

景行錄에 云寶貨는 用之有盡이요 忠孝는 享之無窮이라.
해 경행록에 이르기를 「보화는 쓰면 다함이 있지만 충효는 누려도 다함이 없느니라.」

家和貧也好어니 不義富如何오 但存一子孝면 何用子孫多오리.
해 집안이 화목하면 가난하여도 좋지만 의롭지 못한다면 부유한들 무엇에 쓰리오. 오직 한 자식만이라도 효자가 있으면 자손이 많아서 무엇하리오.

父不憂心因子孝요 夫無煩惱是妻賢이라 言多語失皆因酒요 義斷親疎只爲錢이라.
해 아버지께 근심됨이 없게 함은 자식이 효도하는데 있는 것이요, 남편에게 마음의 시달림과 피로움이 없게 함은 아내가 어진데 있는 것이니, 말이 많아 지는 말을 실수함은 돈 때문이니라.

旣取非常樂이어든 須防不測憂니라.
해 이미 심상치 못한 즐거움을 가졌거든 모름지기 헤아리지 못할 근심이 올 것을 방비할 것이니라.

得寵思辱하고 居安慮危니라.
해 사랑이 빈거든 욕됨을 생각하고 편안한 곳에 있거든 위험한 것을 생각하라.

榮輕辱淺이오 利重害深이라.
해 영화가 가벼우면 욕됨이 얕고 이익이 크면 해(害)가 깊으니라.

甚愛必甚費요 甚譽必甚毁요 甚喜必甚憂요 甚臟必甚亡이라.
해 사랑이 지나치면 반드시 심히 낭비를 하고 명예를 얻으면 반드시 심히 장오(臟汚=부정한 행위)하고 지나치게 장오(臟汚=부정한 행위)가 있고 지나치게 물건을 받으는 더러운 행위) 하면 반드시 망하느니라.

子-曰不觀高崖면 何以知顚墜之患이며 不觀深泉이면 何以知沒溺之患이며 不觀巨海면 何以
해 공자 가로되 「높은 낭떠러지를 보지 아니하면 어찌 굴러 떨어지는 근심을 알 것이며, 깊은 연못에 가지 아니하면 어찌 빠져 죽는 근심이 없는 것을 알 것이며, 큰 바다를 보지 아니하면 어찌 풍파

❖ 새옹지마(塞翁之馬) : 모든 것이 전전(轉轉)하여 무상하므로 인생의 길·흉·화복을 예측할 수 없다.

欲知未來先察已然이니라

子-曰明鏡은 所以察形이요 往者는 所以知今이니라

過去事는 如明鏡이요 未來事는 暗似漆이니라

景行錄에 云明朝之事를 薄暮에 不可必이요 薄暮之事를 哺時에 不可必이니라

天有不測風雨고 人有朝夕禍福이니라

未歸三尺土안하 難保百年身이요 已歸三尺土안하 難保百年墳이니라

景行錄에 云木有所養則根本固而枝葉茂야하 棟樑之材成고 水有所養則泉源壯而流派長야하 灌漑之利博고 人有所養則志氣大而識見明야하 忠義之士出이니 可不養哉아

自信者는 人亦信之니하 吳越이 皆兄弟요 自疑者는 人亦疑之니하 身外-皆敵國이니라

疑人莫用고하 用人勿疑라니라

諷諫에 云水底魚天邊雁은 高可射兮低可釣라니 惟有人心咫尺間에 咫尺人心不可料라니

❖ 선견지명(先見之明) : 일을 미리 짐작하는 밝은 지혜.

畫虎畫皮難畫骨이요 知人知面不知心이라

해 호랑이를 그리되 모양은 그릴 수 있으나 뼈는 그리기 어려울 것이요, 사람을 알되 얼굴은 알지만 그 마음은 알지 못하느니라.

對面共話하되 心隔千山이라

해 얼굴을 맞대고 서로 이야기는 하되 마음은 멀리 떨어져 있느니라.

海枯終見底나 人死不知心이라

해 바다가 마르면 마침내 그 바닥을 볼 수 있으나 사람은 죽어도 그 마음을 알지 못하느니라.

太公이 曰凡人은 不可逆相이요 海水는 不可斗量이니라

해 태공이 가로되 「보통 사람은 타고난 운명을 거스르지 못할 것이요, 바닷물은 가히 말(斗)로 되지 못하느니라.」

景行錄에 云 結怨於人은 謂之種禍요 捨善不爲는 謂之自賊이라

해 경행록에 이르기를 「남과 원수를 맺음은 이것이 곧 화(禍)의 근본이요, 선을 버리고 행하지 아니함은 스스로를 해치는 것이니라.」

若聽一面說이면 便見相離別이라

해 만약 한쪽 말만 들으면 별안간 서로 사이가 멀어짐을 볼 것이

풍간에 이르기를 「물속 깊이 있는 고기와 하늘 높이 기러기는 높고 깊은데 있으나 활로 쏘고 낚을 수 있거니와 오직 사람의 마음은 아주 가까운 거리에 있음에도 그 마음을 헤아릴 수 없느니라.」

飽煖엔 思淫慾하고 飢寒엔 發道心이라

해 배부르고 따사로움에서 음탕한 마음이 생겨나고, 굶주리고 추운데 서 사람을 지켜야 할 옳은 생각이 일어나느니라.

疏廣이 曰賢人多財則損其志고 愚人多財則益其過라

해 소광이 가로되 「어진 사람이 재물이 많으면 그 뜻을 잃고 어리석은 사람이 재물이 많으면 그 허물을 더 하니라.」

人貧智短하고 福至心靈이라

해 사람이 가난하면 지혜가 짧아지고 복이 이르면 마음이 영통하여지나니라.

不經一事면 不長一智라

해 한가지 일을 겪지 아니하면 한가지의 슬기가 자라지 아니하느니라.

是非終日有라도 不聽自然無라

해 시비가 하루종일 있을지라도 듣지 않으면 저절로 없어지나니라.

來說是非者는 便是是非人이라

해 내게 시비를 찾아와서 말하는 자는 마땅히 이것이 시비하는 사람이니라.

擊壤詩에 云平生에 不作皺眉事면 世上에 應無切齒人이니 大名을 豈有鐫頑石가 路上行人이 口勝碑라

❖ **설상가상**(雪上加霜) : 눈 위에 또 서리가 덮였다는 뜻이니, 불행이 엎친데 덮쳐 일어남.

有麝自然香이니 **何必當風立**고
해 격양시에 이르기를 「평생에 눈썹 찡그리는 일을 하지 아니하면 세상에 이를 갈 사람이 없나니 큰 명성을 어찌 뜻없는 돌에 새길 것인가. 길 가는 사람의 입으로 말하는 것이 비(碑)보다 났느니라.」 사향(麝香)을 지녔으니 저절로 향기로우니 어찌 반드시 바람이 불어야만 향기가 나겠는가.

有福莫享盡하라 **福盡身貧窮**이요
有勢莫使盡하라 **勢盡冤相逢**이라
福兮常自惜하고 **勢兮常自恭**하라
人生驕與侈는 **有始多無終**이니라
해 복이 있다 해도 다 누리지 말라, 복이 다하면 몸이 구차하고 궁할 것이요. 권세가 있다 해도 함부로 부리지 말라, 권세가 다하면 억울한 사람과 만나느니라. 복이 있거든 항상 스스로 아끼고 권세가 있거든 항상 스스로 공손하라. 사람이 살아있는데 교만과 사치는 처음 시작한 때에는 많으나 나중에는 다 없어지느니라.

王參政四留銘에 曰**留有餘不盡之巧**하야 **以還造物**하고
留有餘不盡之祿하야 **以還朝廷**하고
留有餘不盡之財하야 **以還百姓**하고
留有餘不盡之福하야 **以還子孫**이니라
해 왕 참정 사유명에 가로되 「남은 것이 있고 다하지 않은 손재주를 다 쓰지 않았다가 조물주에 돌리고 여유를 두어 녹(祿=관원에게 연액(年額)으로 주는 쌀·콩·보리·명주·베·돈)을 다쓰지 않았다가 조정에 돌리고 여유를 두어 재물을 다쓰지 않았다가 백성에게 돌리고 여유를 두어 복을 다 누리지 않았다가 자손에게 돌릴찌니라.

黃金千兩이 **未爲貴**요 **得人一語**ㅣ **勝千金**이라니
해 황금 천냥이 귀하지 아니할 것이요, 사람의 좋은 말 한마디 듣는 것이 천금보다 났느니라.

巧者는 **拙之奴**요 **苦者**는 **樂之母**ㅣ라니
해 재주있는 사람은 옹졸한 사람의 종이요, 괴로움은 즐거움의 모체이니라.

小船은 **難堪重載**요 **深逕**은 **不宜獨行**이라니
해 작은 배에는 무겁게 실으면 견디기가 어렵고 으슥한 길은 혼자 다니기에 좋지 않으니라.

黃金이 **未是貴**요 **安樂**이 **値錢多**라니
해 황금이 귀한 것이 아니오, 편안하고 즐거움이 보다 값진 것이 있느니라.

在家에 **不會邀賓客**이면 **出外**에 **方知少主人**이라니
해 집에 손님을 맞아 대접할 줄 모르면 밖에 나갔을 때에 주인의 비난함을 알게 되느니라.

貧居鬧市無相識이요 **富住深山有遠親**이라니
해 가난하게 살면 번화한 거리에서 살아도 아는 사람이 없는 것이요, 넉넉하게 살면 깊은 산골에 살아도 먼 곳에 사는 친구가 있느니라.

人義는 **盡從貧處斷**이요 **世情**은 **便向有錢家**라니
해 사람의 의리는 다 가난한데서 끊어지는 것이요, 세상의 인정은 곧 돈있는 집으로 쏠리느니라.

寧塞無底缸이언정 **難塞鼻下橫**이라니

❖ 섬섬옥수(纖纖玉手): 가냘픈 고운 여자의 손.

人情은 皆爲窘中疎라

【해】 사람의 정은 다 군색한 가운데서 생기게 되느니라.

史記에 曰郊天禮廟는 非酒不享이요 君臣朋友는 鬪爭相和는 非酒不勸이라 故로 酒有成敗而不可泛飮之라

【해】 사기에 가로되 「하늘에 제사를 지내고 사당에 예(禮) 올림에 술이 아니면 흠향치 않을 것이요, 임금과 신하와 벗 사이에도 술이 아니면 의롭지 못할 것이요, 싸움을 하고 서로 화해함에도 술이 아니면 서로 권하지 못하느니라. 그런고로 술에는 성공과 실패가 있어 함부로 마시지 못하느니라.」

【참고】 사기(史記) = 한(漢) 나라의 사마천(司馬遷)이 황제(黃帝)로부터 한나라 무제(武帝) 때까지 약 3천년의 왕조의 역사를 기록한 역사책이다.

非酒不義 鬪爭相和 非酒不勸

子-曰 士志於道而恥惡衣惡食者는 未足與議也라

【해】 공자 가로되 「선비가 도(道)에 뜻을 두면서 나쁜 옷을 입음을 부끄러워 하는 자는 더불어 얘기할 것이 못되느니라.」

荀子-曰 士有妬友則賢交不親하고 君有妬臣則賢人不至라

【해】 순자 가로되 「선비가 벗을 질투하는 일이 있으면 곧 어진 벗과 사귈 수 없고 임금이 신하를 질투하는 일이 있으면 곧 어진 사람이 오지 않느니라.」

天不生無祿之人하고 地不長無名之草라

【해】 하늘은 녹(祿)없는 사람을 내지 아니하고 땅은 이름없는 풀을 기르지 아니하느니라.

大富는 由天하고 小富는 由勤이라

【해】 큰 부자는 하늘에 말미암고 작은 부자는 부지런한 데에 말미암느니라.

成家之兒는 惜糞如金하고 敗家之兒는 用金如糞이라

【해】 성가지아 집을 이룰 아이는 똥 아끼기를 금같이 하고 집을 망치게 할 아이는 돈 쓰기를 똥같이 하느니라.

康節邵先生이 曰閑居에 愼勿說無妨하라 纔說無妨便有妨이라 爽口勿多能作疾이요 快心事過必有殃이라 與其病後能服藥론 不若病前能自防이라

【해】 강절소선생이 가로되 「편안하게 살 때 걱정할 것이 없다고 말하지 마라. 겨우 걱정할 것이 없다고 말하자마자 문득 생기느니라. 입에 상쾌한 것을 많이 먹지 말라. 병이 나고, 마음에 상쾌한 일이 지나치면 반드시 재앙이 있으니, 병을 얻은 후에 약을 먹는 것보다는 병들기 전에 스스로 조심하는 것만 같지 못하느니라.」

梓童帝君垂訓에 曰妙藥도 難醫冤債病이요 橫

❖ 속수무책(束手無策) : 어찌할 방책이 없어 꼼짝 못하게 됨.

財不富命窮人이라 生事事生을 君莫怨하고 害
人人害를 汝休嗔하라 天地自然皆有報니하 遠在
兒孫近在身이라

해 자동제군 가르침에 가로되「신묘(神妙)한 약이라도 원망스러운 병은 고치기 어려운 것이요, 뜻밖에 생긴 재물도 운수가 궁한 이를 부하게 할 수 없느니라. 일을 만들어 놓고 일이 생기는 것을 그대는 원망하지 말고, 남을 해치고 나서 남이 해치는 것을 그대는 성내지 말라. 천지간(天地間)에 모든 일에는 갚음이 다 있나니 멀게는 자손에게 있고 가까우면 자기에게 있느니라.」

〈참고〉 자동제군(梓潼帝君) = 도가(道家)에 속한다.

花落花開開又落이요 錦衣布衣更換着이라
家未必常富貴요 貧家未必長寂寞이라
未必上靑霄요 推人未必塡邱壑이라 勸君凡
事를 莫怨天하라 天意於人에 無厚薄이니라

해 꽃이 떨어지고 꽃이 피었다 또 떨어지고, 비단옷도 다시 베옷으로 바뀌는 것이니라. 넉넉하여 호화로운 집이 반드시 언제나 부귀한 것은 아니요, 가난한 집이라고 해서 반드시 오래 쓸쓸하지 않느니라. 사람의 도움을 받는다고 해도 반드시 하늘에 오르지 못할 것이요, 사람을 밀어뜨린다고 해도 반드시 깊은 구렁에 굴러 떨어지지 아니하느니라. 그대에게 권하노니 모든 일에 하늘을 원망하지 마라. 하늘의 뜻은 본디 후(厚)함이 없느니라.

堪歎人心毒似蛇라 誰知天眼轉如車요
年妄取東隣物이너 今日還歸北舍家라 無義
家면 豈有長久富貴리 改名異體는 皆因巧語

爲患이라 損人利己면 終無顯達雲仍
德은 乃世代之榮昌이요 懷妬報冤은 與子孫之
眞宗皇帝御製에 曰知危識險이면 終無羅網之
門이요 擧善薦賢이면 自有安身之路라 施仁布

省心篇(下) [마음을 살펴 반성하는 길]

無藥可醫卿相壽요 有錢難買子孫賢이라
해 약은 재상의 수명을 고칠 수 없을 것이요, 돈이 있다 하더라도 자손의 어질고 밝음을 사기는 어려울 것이니라.

一日淸閑一日仙이니라
해 하루라도 마음이 깨끗하고 편안하면 그 하루의 선인이 되느니라.

謠爲生計면 恰似朝雲暮落花라
해 사람의 마음이 독하기가 뱀 같음을 한탄하는 바이다. 누가 하늘의 눈이 수레바퀴처럼 돌아가는 것을 알리요, 지나간 해 동쪽 이웃의 물건을 가져왔더니 오늘엔 어느덧 북쪽 집으로 돌아갔더라. 의(不義)로 얻은 재물은 끓는 물에 뿌려진 눈이요, 우연히 얻은 전지(田地)는 물에 밀려온 모래이니라. 만약 교활한 피로써 생활을 유지하는 방법으로 삼는다면 그것은 흡사 아침에 피어오르는 구름이나 저녁에 시들어지는 꽃과 같으니라.

錢財湯潑雪이요 黨來田地水推沙라니 若將校

✤ 송구영신(送舊迎新) : 묵은 해를 보내고 새해를 맞음.

而生이요 禍起傷身은 皆是不仁之召니라

해) 신종 황제 어제에 가로되 「위와 함을 알고 험함을 알면 끝내 망이 없어도 괜찮을 것이요, 착한 이를 받들고 어진 이를 귀하게 여기면 스스로 몸이 편안할 길이 있을 것이요, 인(仁)을 베풀고 덕을 펴면 곧 대대로 번영을 가져올 것이요, 시기하는 마음을 품고 원한을 갚음은 자손에게 근심을 주는 것이 되느니라. 남을 해롭게 해서 자기를 이롭게 하면 마침내 벼슬과 이름이 없어 귀하리오. 이름이 달라져 몸(모습)을 달리함은 다 교묘한 말에 원인하여 생긴 것이요, 화를 일으켜 몸을 상하게 하는 것은 다 어질지 못함이 부르는 것이니라.

〈참고〉 진종황제(眞宗皇帝∷968~1022)=북송(北宋)의 제3대 황제.

神宗皇帝御製에 曰遠非道之財하고 戒過度之酒하며 居必擇隣하고 交必擇友하며 嫉妬를 勿起於心하고 讒言을 勿宣於口하며 骨肉貧者를 莫疎하고 他人富者를 莫厚하며 克己는 以勤儉爲先하고 愛衆은 以謙和爲首하며 常思已往之非하고 每念未來之咎하라 若依朕之斯言이면 治國家而可久니라

해) 신종 황제 어제에 가로되 「정도(正道)에 어긋나는 재물을 멀리하고, 지나치게 술을 먹음을 경계하며 반드시 이웃을 가려 살고 반드시 벗을 가려 사귀며 남을 시기하는 마음을 일으키지 말고, 남을 혈뜯는 말을 하지 말며, 골육간의 가난한 이를 소홀히 하지 말며, 타인의 부유한 자에게 아첨하지 말며, 사욕을 눌러 이기는 것은 부지런하고 아껴쓰는 것으로써 우선 삼을 것이며, 사람을 사랑하되 겸손하고 화목함을 첫째로 삼으며, 언제나 지나간 날의 잘못을 생각하고 또 앞날의 허물을 생각하라. 만약 나의 이 말을 따르면 나라와 집안을 다스림이 가히 오래갈 것이니라.」

〈참고〉 신종황제(神宗皇帝∷1048~1085)=북송(北宋)의 제6대 황제.

高宗皇帝御製에 曰一星之火도 能燒萬頃之薪하고 半句非言도 誤損平生之德이라 身被一縷나 常思織女之勞하고 日食三飱이나 每念農夫之苦하라 苟貪妬損은 終無十載安康하고 積善存仁이면 必有榮華後裔니라 福緣善慶은 多因積行而生이요 入聖招凡은 盡是眞實而得이니라

해) 고종 황제 어제에 가로되 「한 점의 불티도 능히 만경의 섶을 태우고, 반마디 그릇된 말도 평생의 덕을 헐치느니라. 몸에 한 오라기의 실도 걸쳤으나 늘 짜는 여자의 수고로움을 생각하고, 하루 세 끼니의 밥을 먹거든 늘 농부의 노고를 생각하라. 구차하게 탐내고 시기해서 남에게 해를 끼친다면 마침내 십년의 편안함이 없을 것이요, 선(善)을 쌓고 인(仁)을 보존하면 반드시 후손들에게 영화가 있으리라. 행복과 경사는 대부분이 선행을 쌓는 데서 생겨나고, 범용(凡庸=평범하고 용렬(庸劣)함)을 초월해서 성인의 경지에 들어가는 것은 다 진실함으로써 얻어지는 것이니라.」

〈참고〉 고종황제(高宗皇帝∷1107~1187)=남송(南宋)의 초대 황제.

王良이 曰欲知其君인대 先視其臣하고 欲識其人

❖ 수수방관(袖手傍觀) : 어떤 일을 당하여 간섭하거나 거들지를 않고 그대로 버려둠.

先視其友欲知其父 先視其子라하 君聖臣
忠고하 父慈子孝라이니

해 왕량이 가로되「그 임금을 알려고 할찐대 먼저 그 신하를 볼 것이고 그 사람을 알려고 할찐대 먼저 그 벗을 볼 것이니라. 임금이 거룩하면 그 신하가 충성스럽고 아비가 인자하면 자식이 효성스러우니라.

〈참고〉 왕량(王良)=춘추(春秋) 시대 진(晉)나라 사람.

家語에 云水至淸則無魚고 人至察則無徒라니

해 가어에 이르기를「물이 지극히 맑으면 고기가 없고 사람이 너무 살피면 친구가 없느니라.

〈참고〉 가어(家語)=공자의 언행과 세상 드러나지 않은 사실들을 모은 책으로 현재 전하는 것은 10권이다.

許敬宗이 曰春雨 如膏나 行人은 惡其泥濘고하
秋月이 揚輝나 盜者는 憎其照鑑이라이니

해 허경종이 가로되「봄비는 땅을 기름지게 하나 길 가는 사람은 그 진창을 싫어하고, 가을 달이 밝지만 도둑은 그 밝게 비치는 것을 싫어 하느니라.

景行錄에 云大丈夫 見善明故로 重名節於
泰山하고 用心精故로 輕死生於鴻毛라니

해 경행록에 이르기를「대장부는 착한 것을 보는 것이 밝음으로 이름과 뜻 지키기를 태산보다 무겁게 하고 마음 쓰기가 결백하므로 사생(死生)을 홍모(鴻毛=기러기 털)와 같이 여기느니라.

悶人之凶고하 樂人之善하며 濟人之急고하 救人之

危라니

해 남의 흉한 것을 민망히 여기고 남의 좋은 것을 즐겁게 여기며 남의 위급함을 구하고 남의 위태함을 구하여야 되느니라.

經目之事도 恐未皆眞늘이어 背後之言을 豈足
深信오이리

해 눈으로 직접 본 일도 모두 참되지 아니할까 두려워 하거늘 등뒤에서 하는 말을 어찌 족히 깊이 믿으리오.

不恨自家汲繩短고하 只恨他家苦井深다이로

해 자기집 두레박 줄이 짧은 것은 탓하지 않고 오직 남의 집 우물 깊은 것만 탓한다.

賊濫이 滿天下되하 罪拘薄福人이라이니

해 부정한 방법으로 재물을 얻은 자가 세상에 가득할지라도 죄는 박복(薄福)한 사람에게 걸리느니라.

天若改常면이 不風即雨요 人若改常면이 不病即

死라니

해 하늘이 만약 정당한 것을 벗어나면 바람이 아니면 비요, 사람이 만약 정당한 것을 벗어나면 병이 아니면 죽음이 있느니라.

壯元詩에 云國正天心順요이 官淸民自安다이 妻
賢夫禍少요 子孝父心寬라니

해 장원시에 이르기를「나라가 바르면 천심도 순할 것이요, 벼슬아치가 깨끗하면 온 백성이 저절로 편안하느니라. 아내가 어질면 그 남편의 화(禍)가 적을 것이요, 자식이 효성스러우면 그 아버지

❖ 순망치한(脣亡齒寒) : 입술이 없으면 이가 시리다는 뜻.

子曰木縱繩則直하고 人受諫則聖이니라.

一派青山景色幽러니 前人田土後人收라 後人收得莫歡喜하라 更有收人在後頭니라

蘇東坡曰無故而得千金이면 不有大福이라 必有大禍이니라

康節邵先生이 曰有人이 來問卜하되 如何是禍오 如何是福고 我虧人是禍요 人虧我是福이니라

大廈千間이라도 夜臥八尺이요 良田萬頃이라도 日食二升이니라

久住令人賤이요 頻來親也疎라 但看三五日에 相見不如初라

渴時一滴은 如甘露요 醉後添盃는 不如無라

酒不醉人人自醉요 色不迷人人自迷니라

公心을 若比私心이면 何事不辨이며 道念을 若同情念이면 成佛多時라

濂溪先生曰巧者言하고 拙者默하며 巧者勞하고 拙者逸하며 巧者賊하고 拙者德하며 巧者凶하고 拙者吉하나니 嗚呼라 天下拙이면 刑政이 徹하여 上安下順하며 風清

✤ 십시일반(十匙一飯) : 열 사람이 밥 한술씩 보태면 한 사람 먹을 분량이 된다는 뜻.

濂溪先生曰 「巧者는 言하고 拙者는 默하며, 巧者는 勞하고 拙者는 逸하며, 巧者는 賊하고 拙者는 德하며, 巧者는 凶하고 拙者는 吉하나니. 嗚呼라 天下拙이면 刑政이 徹하여 上安下順하며 風淸弊絶이라.」

〈참고〉 염계선생(濂溪先生) = 주돈이(周敦頤 : 1017~1073)를 말하며 자가 염계이다. 북송(北宋)의 유학자로 송학(宋學)의 시조로 불리워지며 〈태극도설(太極圖說)〉과 〈통서(通書)〉를 저술하였다.

〈해〉 염계선생 가로되 「교자(巧者 = 꾀많은 사람)는 말을 잘 하고, 졸자(拙者 = 우직하고 순박한 사람)는 말을 아니하며, 교자는 수고로우나 졸자는 한가하며, 교자는 도리에 어긋나고 흉악하나 졸자는 길하나니, 오호! 참으로 천하가 졸하여 두터우며, 교자는 도리에 어긋나고 흉악하나 졸자는 길하나니, 오호! 참으로 천하가 졸하여지면 정사(政事)가 밝아지고 나빠서 윗사람은 편안하고 아랫사람은 잘 순종하며 풍속은 맑아지고 나쁜 습관은 없어지느니라.」

易에 曰 德微而位尊하고 智小而謀大면 無禍 者 一 鮮矣니라.

〈참고〉 주역(周易) = 삼역(三易)의 하나로 이경(易經)이라고도 하며 우주의 원리와 인간의 길흉화복을 기록한 책으로 문왕(文王) · 주공(周公) · 공자(孔子)에 의해 대성한 역학(易學).

〈해〉 주역에 가로되 「덕은 적은데 지위가 높고 아는 것이 크면 화(禍)가 없는 자 적으니라.」

說苑에 曰官怠於宦成하고 病加於小癒하며 禍生 於懈怠하고 孝衰於妻子니 察此四者하여 愼終如 始니라.

〈참고〉 설원(說苑) = 한(漢)나라 유향(劉向)이 지은 책으로 명인들의 일화(逸話)를 수록한 것이다.

〈해〉 설원에 가로되 「나라를 다스리는 이의 도(道)는 그 지위가 높아짐에 게을러지고 병은 작은 것에서 더 심하여지며 화는 게으르고 거만한데서 생기고 효도는 처자에 의해 흐려지니 이네 가지를 잘 살펴 삼가하기를 처음과 같이 할찌니라.」

器滿則溢하고 人滿則喪이니라.

〈해〉 그릇은 가득 차면 넘치게 되고 사람도 넉넉하면 잃게 되느니라.

尺璧非寶요 寸陰是競이니라.

〈해〉 한 자나 되는 구슬을 보배로 알지 말고 한 치의 시간을 다투라.

羊羹이 雖美나 衆口를 難調니라.

〈해〉 양고기국이 비록 맛은 좋으나 모든 사람의 입맛을 고르게 맞추기는 어려우니라.

益智書에 云白玉은 投於泥塗라도 不能汚穢其 色이요 君子는 行於濁地라도 不能染亂其心이 故로 松栢은 可以耐雪霜이요 明智는 可以涉危 難이니라.

〈해〉 익지서에 이르기를 「흰 구슬을 진흙 속에 던질찌라도 그 빛을 더러워지지 않고 군자는 좋지않은 곳에 갈지라도 그 마음을 물들여 나빠지지 않나니 그런고로 소나무와 잣나무는 눈과 서리를 견디어내는 것이요, 밝은 지혜는 위급하고 곤란한 일을 헤쳐갈 수 있느니라.」

入山擒虎는 易어와 開口告人은 難이니라.

〈해〉 산에 들어가 호랑이를 잡기는 쉬어도 말로써 사람을 가르치기는 어려우니라.

遠水는 不救近火요 遠親은 不如近隣이니라.

〈해〉 멀리 있는 물은 가까운 불을 끄지 못하고 먼곳에 있는 친척은 가까운 이웃만 같지 못하니라.

❖ 아비규환(阿鼻叫喚) : 아비지옥의 고통을 못참아 울부짖는 소리.

立敎篇 〔생활실천의 근본요강〕

太公이 曰 日月이 雖明이나 不照覆盆之下하고 刀刃이 雖快나 不斬無罪之人하고 非災橫禍는 不入愼家之門이니라.

해 태공이 가로되 "해와 달이 비록 밝으나 엎어진 동이의 밑은 비치지 못하고 칼날이 비록 예리하나 죄없는 사람을 베지 못하고 불의(不意)의 재앙은 삼가하는 집의 문에는 들어오지 못하느니라."

太公이 曰 良田萬頃이 不如薄藝隨身이라.

해 태공이 가로되 "좋은 밭 만경(萬頃)이랑일지라도 작은 재주를 몸에 익히는 것만 같지 못하느니라."

性理書에 云 接物之要는 己所不欲을 勿施於人이요 行有不得이어든 反求諸己라.

해 성리서에 이르기를 "모든 일을 대할 때 중요한 일은 자기가 하고 싶지 아니한 것을, 남에게 베풀지 말며 행하여 얻지 못하는 것이 있거든 돌이켜 모든 것을 자기에게 원인을 구하라."

酒色財氣四堵墻에 多少賢愚在內廂이라 若有世人이 跳得出이면 便是神仙不死方이니라.

해 술과 색(色)과 재물과 기운의 네 가지로 쌓은 담안에 수 많은 어진이와 어리석은 사람이 안방과 행랑에 들어 있으니 만약 세상 사람이 이속에서 뛰쳐 나올 수 있다면 신선과 같으리라. 죽지 아니하는 방법이니라.

子-曰 立身有義而孝其本이요 喪祀有禮而哀爲本이요 戰陣有列而勇爲本이요 治政有理而農爲本이요 居國有道而嗣爲本이요 生財有時而力爲本이니라.

해 공자 가로되 "입신(立身)함에 의(義) 있으되 효가 근본이요, 상사(喪祀)에 예(禮) 있으되 슬픔이 근본이 되고, 전쟁터에 있어 대열이 있으되 용맹이 그 근본이 되고, 나라 다스리는데 순리가 있으되 농사가 근본이 되고, 나라를 지키는데 도(道)가 있으되 계승이 근본이 되고, 재물을 만드는데 시기가 있으되 노력이 근본이 되느니라."

景行錄에 云 爲政之要는 曰公與淸이요 成家之道는 曰儉與勤이라.

해 경행록에 이르기를 "정사를 다스리는데 긴요한 것은 공정하고 사사로운 욕심이 없이 깨끗이 하는 것이요, 집을 이루는 길은 낭비하지 아니하고 부지런한 것이니라."

讀書는 起家之本이요 循理는 保家之本이요 勤儉은 治家之本이요 和順은 齊家之本이니라.

해 글을 읽는 것은 집을 일으키는 근본이요, 이치에 따름은 집을 보존하는 근본이요, 부지런하고 낭비하지 아니하는 것은 집안을 잘 다스리는 근본이요, 화목하고 순종하는 것은 집안을 잘 다스리는 근본이니라.

孔子三計圖에 云 一生之計는 在於幼하고 一日之計는 在於寅이니 幼而

해 공자삼계도에 운 일생의 계는 재어유요 일일의 계는 재어인이니 유이

❖ 아전인수(我田引水) : 자기에게 이롭게만 하려는 것.

不學이면 老無所知요 春若不耕이면 秋無所望이요

寅若不起면 日無所辨이니라

해 공자 삼계도에 이르기를 「일생의 계획은 어릴 때에 있고 일년의 계획은 봄에 있으니 어려서 배우지 아니하면 늙어서 아는 것이 없을 것이요, 봄에 밭갈지 아니하면 가을에 거둘 것이 없을 것이요, 새벽에 일어나지 아니하면 그 날을 판단할 바가 없느니라.」

性理書에 云 五敎之目은 父子有親하며 君臣有義하며 夫婦有別하며 長幼有序하며 朋友有信이니라

해 성리서에 이르기를 「다섯 가지 가르침의 조목은 아버지와 자식 사이엔 서로 친함이 있어야 하며, 임금과 신하 사이엔 의가 있어야 하며, 남편과 아내 사이엔 분별이 있어야 하며, 어른과 어린이 사이엔 차례가 있어야 하며, 친구 사이엔 믿음이 있어야 하느니라.」

三綱은 君爲臣綱이요 父爲子綱이요 夫爲婦綱이니라

해 삼강이란 임금은 신하의 기강이요, 아버지는 자식의 기강이요, 남편은 아내의 기강(紀綱=기율과 법강)이 되는 것이니라.

王燭이 曰 忠臣은 不事二君이요 烈女는 不更二夫라

해 왕촉이 가로되 「충신은 두 임금을 섬기지 아니할 것이요, 열녀는 두 지아비를 섬기지 아니하느니라.」

〈참고〉 왕촉(王蠋) = 전국(戰國) 시대 제(齊) 나라 사람으로 연(燕)나라에 패하자 항복하지 않고 자결하였다.

忠子曰 治官엔 莫若平이요 臨財엔 莫若廉이니라

해 충자 가로되 「벼슬을 다스림에는 공평함만 같지 못할 것이요, 재물을 다루는데 있어서는 청렴함만 같지 못하느니라.」

張思叔座右銘에 曰 凡語를 必忠信하며 凡行을 必篤敬하며 飮食을 必愼節하며 字畫을 必楷正하며 容貌를 必端莊하며 衣冠을 必整肅하며 步履를 必安詳하며 居處를 必正靜하며 作事를 必謀始하며 出言을 必顧行하며 常德을 必固持하며 然諾을 必重應하며 見善如己出하며 見惡如己病하라 凡此十四者는 皆我未深省이라 書此當座右하여 朝夕視爲警하노라

해 장사숙 좌우명에 가로되 「무릇 말은 반드시 성실하고 신의가 있어야 하며, 모든 행실을 반드시 부지런하고 공경히 하며, 음식은 반드시 삼가고 알맞게 먹으며, 글자의 점획은 반드시 바르게 하며, 용모는 반드시 단정하고 엄숙히 하며, 의관은 반드시 바르게 하며, 걸음걸이는 반드시 점잖게 하며, 일하는 것은 반드시 계획을 세워 시작하며, 말하는 것은 반드시 그 행실을 생각하여 행하며, 떳떳한 덕(德)을 반드시 신중히 가지며, 허락하는 것은 반드시 신중히 대답하며, 선(善)을 보거든 자기에게서 나온 것같이 하며, 악을 보거든 자기의 병같이 하라. 무릇 이 열네 가지는 모두 내가 아직 깊이 깨닫지 못한 터라, 이것을 자리의 오른편에 써 붙여놓고 아침 저녁으로 보고 조심할 것이니라.」

〈참고〉 장사숙(張思叔) = 북송(北宋) 때의 학자로 성리학(性理學)의 대가 정이천(程伊川)의 제자이다.

范益謙左右銘에 曰 一不言朝廷利害邊報

❖ 안하무인(眼下無人) : 사람을 업신여기고 교만함.

差除요 一不言州縣官員長短得失이요 二不言衆人所作過惡之事요 三不言趨時附勢요 四不言仕進官職 六不言淫媟戲慢評論女色이요 七不言求覓人物干索酒食이요 又人付書信을 不可開坼 沈滯요 與人拜坐에 不可窺人私書요 凡入人家에 不可看人文字요 凡借人物에 不可損壞與人同 不還이요 凡喫飮食에 不可揀擇去取요 與人同 處에 不可自擇便利요 凡人富貴를 不可歎羨 詆毁니 凡此數事에 有犯之者면 足以見用心 之不正이라 於正心修身에 大有所害라 因書以 自警하노라

해 범익겸 좌우명에 가로되 「첫째 조정에 대한 이해와 변방의 보고와 관직의 임면(任免)에 대하여 말하지 말 것이요. 둘째 주현(州 縣)의 관원의 옳고 그름과 얻는 것과 잃는 것에 대하여 말하지 말 것이요. 세째 모든 사람이 저지르는 악한 일을 말하지 말 것이요. 네째 벼슬에 나가는 것과 기회를 따라 권세에 아부하는 것을 말하지 말 것이요. 다섯째 재물과 이익이 많고 적음이나 가난한 것을 싫어하고 부(富)를 구하는 것을 말하지 말 것이요. 여섯째 음탕하고 난 잡한 것과 여색(女色)에 대한 평론(評論)을 말하지 말

五不言財利多少厭貧求富

武王이 問 太公曰人居世上에 何得貴賤貧 富不等고 願聞說之하여 欲之是矣니이다 太公이 曰富貴는 如聖人之德하여 皆由天命이어니와 富者는 用之有節하고 不富者는 家有十盜라니

해 무왕이 태공에게 물어 말하기를 「사람이 세상에 살며 어찌하여 귀천과 빈부 차이가 고르지 아니한고」 원하건대 이에 대한 말씀 을 들어서 천명(天命)에 있거나와 부자는 이것을 쓰는데 아껴쓰고 부하지 못하는 자는 집안에 십도(十盜)가 있느니라.」

〈참고〉 무왕(武王 : 서기전 1169~1116) = 주(周) 나라 문왕(文 王)의 아들로 이름은 발(發)이다. 부왕(父王)의 유업을 계승하여 아 우 단(旦)과 협력하여 은(殷) 나라 주왕(紂王)을 쳐서 멸하고 주 조(周王朝)를 세웠다.

武王이 曰何謂十盜닛고 太公이 曰時熟不收 爲一盜요 收積不了 爲二盜요 無事燃燈寢

❖ **어부지리**(漁父之利) : 서로 다투고 있을 때, 제삼자가 애쓰지 않고 그 이익을 가로채는 것.

睡爲三盜요
慵懶不耕이爲四盜요
力이爲五盜요
專行巧害|爲六盜요
多|爲七盜요
晝眠懶起|爲八盜요
慾이爲九盜요
強行嫉妬爲十盜다니

해 무왕이 가로되 "무엇을 십도라 하나이까." 태공이 가로되 "익은 곡식을 제때에 거두어 들이지 않음이 첫째의 도(盜)요, 거두고 쌓는 것을 마치지 못함이 둘째의 도요, 일없이 등불을 켜놓고 잠자는 것이 셋째의 도요, 게을리하여 밭을 갈지 아니함이 넷째의 도요, 애쓰지 아니함이 다섯째의 도요, 오로지 해로운 일만 행하는 것이 여섯째의 도요, 딸을 너무 많이 기르는 것이 일곱째의 도요, 낮잠자고 아침에 일어나기를 게을리함이 여덟째의 도요, 술을 탐하고 음욕(淫慾)을 즐기는 것이 아홉째의 도요, 심히 말을 시기하는 것이 열째의 도가 될 것이니라."

武王이曰人家에必有三盜而不富者는何如고닛 太公이曰人家에必有十盜다니 武王이曰何名三耗고닛 太公이曰倉庫漏濫不蓋하여鼠雀亂食이爲一耗요 收種失時|爲二耗요 拋撒米穀穢賤이爲三耗다니

해 무왕이 가로되 "집에 십도가 없는데도 부유하지 못한 자는 어찌하여 그럽니까." 태공이 가로되 "그런 사람의 집에는 반드시 삼모(三耗)가 있기에 그러하오." 무왕 가로되 "무엇을 삼모라 하오리까." 태공 가로되 "창고가 뚫어졌는데 가리지 아니하여 쥐와 새들이 어지럽게 먹음이 첫째 모요, 거두고 씨뿌림에 때를 잃는 것이 둘째 모요, 곡식을 퍼 흩뜨려 더럽고 천하게 하는 것이 셋째 모이다."

武王이曰家無三耗而不富者는何如고닛 太公이曰人家에必有一錯二誤三痴四失五逆六不祥七奴八賤九愚十強여하自招其禍요非天降殃이니

해 무왕이 가로되 "집에 삼모도 없는데 부유하지 못한 자는 어찌하여 그럽니까." 태공이 가로되 "그런 사람의 집에는 반드시 일착(一錯), 이오(二誤), 삼치(三痴), 사실(四失), 오역(五逆), 육불상(六不祥), 칠노(七奴), 팔천(八賤), 구우(九愚), 십강(十強)이 있어서 스스로 그 화를 부르는 것이요, 하늘이 재앙을 내리는 것이 아니니라."

武王이曰願悉聞之이하다 太公이曰 養男不敎訓이爲一錯이요 嬰孩不訓이爲二誤요 初迎新婦不行嚴訓이爲三痴요 未語先笑|爲四失이요 不養父母|爲五逆이요 夜起赤身이爲六不祥이요 好挽他弓이爲七奴요 愛騎他馬|爲八賤이요 喫他飯命朋友|爲九愚요 喫他酒勸他人이爲十強다니 武王이曰甚美誠哉라是言也여

해 무왕이 가로되 "그 내용을 빠짐없이 듣기를 원하나이다." 태공 가로되 "아들을 기르는데 가르치지 아니함이 첫째 그름이요, 어린 아이를 타이르지 아니함이 둘째 잘못이요, 처음 아내를 맞아들여 엄하게 가르치지 아니함이 셋째 모

❖ 어불성설(語不成說) : 말이 조금도 조리가 닿지 않음.

治政篇 〔나라를 이루는 터전〕

明道先生이 曰 一命之士가 苟有存心於愛物이면 於人에 必有所濟니라

해 명도 선생이 가로되 "처음 직위를 얻은 선비가 진실로 남에게 반드시 도움이 될 것이니라."

참고 명도선생(明道先生 : 1032~1085) = 북송(北宋) 때의 대유학자로 성은 정(程), 이름은 호(顥), 자는 백순(伯淳)이며 호는 명도(明道)이다. 우주와 사람의 본성은 본래는 동일한 것이라고 주장한 사람이다.

唐太宗御製에 云 上有麾之하고 中有乘之하고 下有附之하여 幣帛衣之요 倉稟食之하니 爾俸爾祿이 民膏民脂니라 下民은 易虐이어니와 上蒼은 難欺니라

해 당태종 어제에 이르기를 "위에는 지시하는 자가 있고, 중간에는 이를 다스리는 이가 있고, 아래에는 이에 따르는 자가 있어 예물로 받은 비단이나 옷은 다 백성들의 기름이요, 너희들이 받는 돈과 물건은 다 백성들의 피와 땀이니라. 아래에 있는 백성은 학대하기 쉽거니와, 위에 있는 푸른 하늘은 속이기 어려우니라."

참고 당태종(唐太宗 : 598~649) = 당(唐) 나라의 제 2 대 임금으로 이름은 이세민(李世民)이며, 아버지 이연(李淵)을 도와 수나라를 멸하고 당나라를 세웠다.

童蒙訓에 曰 當官之法이 唯有三事니 曰 淸 曰 愼 曰 勤이라 知此三者면 知所以持身矣니라

해 동몽훈에 가로되 "관리로써 지켜야 할 법이 오직 세 가지가 있으니 깨끗함과 삼가함과 부지런함이니라. 이 세 가지를 알면 그것으로써 몸을 지닐 바를 아느니라."

참고 동몽훈(童蒙訓) = 송(宋) 나라 때 여본중(呂本中)이 어린아이들을 가르치기 위해 지은 책이다.

當官者는 必以暴怒爲戒하여 事有不可어든 當詳處之면 必無不中이어니와 若先暴怒면 只能自害라 豈能害人이오리

해 관직에 있는 자는 반드시 심하게 화내는 것을 경계하여 일에 옳지 않음이 있거든 마땅히 자상하게 처리하면 맞지 아니하는 것이 없거니와 만약 남을 해롭게 하기부터 먼저 한다면 이것이 자신을 해롭게 할 수 있으리오.

事君을 如事親하며 事長官을 如事兄하며 與同僚를 如家人하며 待羣吏를 如奴僕하며 愛百姓을 如妻子하며 處官事를 如家事然後에 能盡吾之心이니 如有毫末不至면 皆吾心에 有所未盡也니라

해 임금을 섬기는 것을 어버이를 섬기는 것같이 하며 장관을 섬기기를 형을 섬기는 것같이 하며 동료를 친가 사람같이 하며 여러 아전 대접하기를 자기집 노복같이 하며 백성을 사랑하기를 자기 처자같이 하며 관청일을 처리하기를 자기집 일처럼 처리한 후에야 능히 내 마음을 다한 것이니, 만약 털끝만치라도 이르지 못함이 있으면 다 내 마음에 능히 극진하지 못한 바가 있기 때문이니라.

❖ 언중유언(言中有言) : 예사로운 말 속에 또 다른 말이 들어 있음.

或이 問簿는 佐令者也니 簿所欲爲를 令或不從이면 奈何잇고 伊川先生이 曰當以誠意動之니라 今令與簿不和는 便是爭私意요 令은 是邑之長이니 若能以事父兄之道로 事之하여 過則歸己하고 善則唯恐不歸於令하여 積此誠意면 豈有不動得人이리오

抱朴子ㅣ 曰迎斧鉞而正諫하며 據鼎鑊而盡言하면 此謂忠臣也ㅣ니라

劉安禮ㅣ 問臨民대한 明道先生이 曰使民으로 各得輸其情이니라 問御吏대한 曰正己以格物이니라

治家篇 〔가정생활과 운명〕

司馬溫公이 曰凡諸卑幼ㅣ 事無大小이 毋得專行하고 必咨稟於家長이니라

待客에 不得不豊이요 治家에 不得不儉이니라

太公이 曰痴人은 畏婦고 賢女는 敬夫니라

✤ 언어도단(言語道斷) : 너무나 어처구니 없어서 말로 나타낼 수 없음.

凡使奴僕엔 先念飢寒하라.

해 무릇 노복을 부리는 데에 먼저 그들의 배고프고 추운 것을 생각할찌니라.

子孝雙親樂이요 家和萬事成이니라.

해 자식이 효도하면 두 어버이가 즐거울 것이요, 집안이 화목하면 모든 일이 잘 이루어지느니라.

時時防火發하고 夜夜備賊來니라.

해 때때로 불이 일어나는 것을 막고 밤에 도적이 드는 것을 막을지니라.

景行錄에 云觀朝夕之早晏하여 可以卜人家之興替니라.

해 경행록에 이르기를 아침 저녁의 이르고 늦음을 보아서 그 사람의 집안이 흥하고 쇠함을 점칠 수 있느니라.

文仲子ㅣ 曰婚娶而論財는 夷虜之道也니라.

해 문중자 가로되 「혼인하는데 재물을 말하는 것은 오랑캐의 일이니라.」

〈참고〉 문중자(文仲子) = 수(隋)나라 학자로 이름은 왕통(王通)이고 육 영에 힘썼으며 두여회(杜如晦), 위징(魏徵) 등 고명한 제자들이 있다.

安義篇 〔인류의 기본〕

顔氏家訓에 曰夫有人民而後에 有夫婦하고 有

夫婦而後에 有父子하고 有父子而後에 有兄弟하니 一家之親은 此三者而已矣라 自茲以往으로 至于九族이 皆本於三親焉故로 於人倫에 爲重也니 不可不篤也니라.

해 안씨가훈에 가로되 「백성이 있은 후에 부부가 있고 부부가 있은 후에 부자가 있고 부자가 있은 후에 형제가 있나니 한 집안의 친함은 이 세가지에 뿐이니라. 이에 나아가면 구족(九族) = 고조로부터 현손(玄孫)까지의 동종 친족이니라. 이에 이르기까지는 다 세가지에 근본이 되므로 사람이 지켜야 할 떳떳한 도리에 중요한 일이 되나니 가히 신중히 아니하지 못할찌니라.」

〈참고〉 안씨가훈(顔氏家訓) = 제(齊)나라의 안지추(顔之推)가 지었으며 두권으로 되어 있다.

莊子ㅣ 曰兄弟는 爲手足이요 夫婦는 爲衣服이니 衣服破時엔 更得新이어니와 手足斷處엔 難可續이니라.

해 장자 가로되 「형제는 수족과 같고 부부는 의복과 같나니 의복이 해 졌을 때는 새것으로 갈아 입을 수 있거니와 수족이 잘라졌을 때는 잇기가 어려우니라.」

蘇東坡ㅣ 云富不親兮貧不踈는 此是人間大丈夫요 富則進兮貧則退는 此是人間眞小輩니라.

해 소동파 이르기를 「부유하다고 친하게 하지 아니하고 가난하다고 멀리하지 않음은 이것이 바로 인간 대장부라 할 것이요, 부유하면 가까이 하고 가난하면 멀리하는 것은 이는 곧 인간중의 작은 무리이니라.」

❖ 영고성쇠(榮枯盛衰) : 번영하고 쇠퇴하는 것으로, 속세(俗世)의 생활을 가리킴.

遵禮篇 (준례편) 〔상호간에 이루어지는 예절〕

子─曰居家有禮故로 長幼辨하고 閨門有禮故로
三族和하고 朝廷有禮故로 官爵序하고 田獵有禮
故로 戒事閑하고 軍旅有禮故로 武功成이니라.

해 공자 가로되 "한 집안에 예가 있는고로 어른과 아이의 분별이 있고, 어머니와 딸이 거처하는 안방에 예가 있는고로 삼족(三族=부모와 형제와 처자)이 화목하고, 소정에 예가 있는고로 벼슬에 차례에 예가 있는고로 무공(군사상의 공적)이 이루어지느니라."

子─曰君子─ 有勇而無禮면 爲亂하고 小人이 有
勇而無禮면 爲盜라니.

해 공자 가로되 "군자가 용맹스럽기만 있고 예가 없으면 세상을 어지럽게 할 것이요, 소인이 용맹스럽기만 있고 예가 없으면 도둑이 되느니라."

曾子─曰朝廷엔 莫如爵이요 鄕黨엔 莫如齒요 輔
世長民엔 莫如德이니라.

해 증자 가로되 "조정에서는 작위(爵位=관작(官爵)과 위계(位階))보다 더 나은 것은 없고 향당(鄕黨)에서는 나이가 많은 사람보다 더 나은 사람이 없을 것이요, 나라 일을 돕고 백성을 다스리는 데는 덕(德)만한 것이 없느니라."

〔참고〕 증자(曾子:506~?)= 춘추(春秋)시대 노(魯)나라의 사상가로, 이름은 삼(參)이다. 공자(孔子)의 제자로 안자(顏子), 공자(孔子), 맹자(孟子)와 더불어 네 성인으로 일컬어진다.

老少長幼는 天分秩序니 不可悖理而傷道也니라.

해 늙은이나 젊은이와 어른과 어린아이는 하늘이 정한 차례이니 가히 사물의 바른 도리를 어기고 도(道)를 상하게 하지 못하느니라.

出門如見大賓하고 入室如有人이라.

해 문밖에 나가 있을 때에는 큰 손님을 대할 때와 같이 하고 방에 들어와 있을 때에는 사람이 있는 것같이 할지니라.

若要人重我면 無過我重人이라.

해 만일 남이 나를 중하게 여김을 바라거든 내가 먼저 남을 중히 여기는 것에 더할 것이 없느니라.

父不言子之德하며 子不談父之過니라.

해 아버지는 자식의 덕을 말하지 말 것이며 자식은 아버지의 허물을 말하지 않느니라.

言語篇 (언어편) 〔진정한 언어의 생활〕

劉會─曰言不中理면 不如不言이니라.

해 유회 가로되 "말이 이치에 맞지 아니하면 말하지 아니함만 같지 못하느니라."

一言不中이면 千語無用이니라.

해 한마디 말이 어긋나면 천마디 말이 쓸데 없느니라.

君平이 曰口舌者는 禍患之門이요 滅身之斧也니라.

❖ 유아독존(唯我獨尊): 오직 나만이 훌륭하다는 것.

利人之言은 煖如綿絮하고 傷人之語는 利如荊棘이라 一言半句 重値千金이요 一語傷人에 痛如刀割이니라

口是傷人斧요 言是割舌刀니 閉口深藏舌이면 安身處處牢라

逢人且說三分話하되 未可全拋一片心이니 虎生三個口요 只恐人情兩樣心이니라

酒逢知己千鍾少요 話不投機一句多라

交友篇 (참된 벗을 사귀는 길)

子ㅣ曰 與善人居에 如入芝蘭之室하여 久而不聞其香이나 即與之化矣요 與不善人居에 如入鮑魚之肆하여 久而不聞其臭나 亦與之化矣니 丹之所藏者는 赤하고 漆之所藏者는 黑이라 是以로 君子는 必愼其所與處者焉이니라

家語에 云 與好人同行에 如霧露中行하여 雖不濕衣라도 時時有潤하고 與無識人同行에 如廁中坐하여 雖不汚衣라도 時時聞臭니라

❖ 유야무야(有耶無耶) : 결과가 분명하지 않고 흐리멍덩한 것.

子ㅣ曰晏平仲은 善與人交ㅣ로다 久而敬之여온

[참고] 안평중(晏平仲) = 춘추(春秋)시대 제(齊)나라의 재상으로 이름은 영(嬰), 자가 평중이다.

공자가 가로되 "안평중(晏平仲)은 선한 사람과 잘 사귀는도다. 오래도록 이를 공경했느니라."

相識이 滿天下호되 知心能幾人고

서로 얼굴을 아는 사람은 온 세상에 가득하지만 마음 속을 아는 사람은 몇이나 되겠는고.

酒食兄弟는 千個有로되 急難之朋은 一個無라

술을 먹을 때에 형제는 천개나 되나 위급하고 어려운 때의 친구는 한 사람도 없느니라.

不結子花는 休要種이요 無義之朋은 不可交라

열매를 맺지 않는 꽃은 심지 말 것이요, 의리가 없는 친구는 사귀지 말찌니라.

君子之交는 淡如水하고 小人之交는 甘若醴라니

군자의 사귐은 맑기가 물과 같고 소인의 사귐은 달콤하기가 단술과 같으니라.

路遙知馬力이요 日久見人心이라

길이 멀어야 말의 힘을 알 것이요, 날이 오래 지내야만 사람의 마음을 알 수 있느니라.

婦行篇 (참다운 여성의 역할)

益智書에 云女有四德之譽니하니 一曰婦德이요 二

曰婦容이요 三曰婦言이요 四曰婦工也ㅣ라니

婦德者는 不必才名絶異요 婦容者는 不必顔 色美麗요 婦言者는 不必辯口利詞요 婦工 者는 不必技巧過人也ㅣ라니

其婦德者는 淸貞廉節하여 守分整齊하고 行止有 恥하며 動靜有法이니 此爲婦德也ㅣ요 婦容者는 洗 浣塵垢하여 衣服鮮潔하며 沐浴及時하여 一身無 穢니 此爲婦容也ㅣ요 婦言者는 擇師而說하여 不 談非禮하고 時然後言하여 人不厭其言이니 此爲婦 言也ㅣ요 婦工者는 專勤紡績하고 勿好暈酒하며 具甘旨하여 以奉賓客이니 此爲婦工也ㅣ라니

❖ **일일삼추**(一日三秋) : 하루가 삼년처럼 지리하게 긴 것.

此四德者는 是婦人之所不可缺者라 爲之甚
易하고 務之在正하니 依此而行하면 是爲婦節
이니라.

해 이 네가지 덕은 부녀자로서는 잊어서는 아니될 필요한 것이
니 이를 행하기는 매우 쉽고 이를 힘씀이 바른데 있으니 이에 의
거하여 행한다면 곧 부녀자의 행하는 길이니라.

太公이 曰婦人之禮는 語必細니라.

해 태공이 가로되 "부인의 예절은 반드시 말이 곱고 가늘어야 하는
니라."

賢婦는 令夫貴요 惡婦는 令夫賤이니라.

해 어진 부인은 남편을 귀하게 되게 하고 악한 부인은 남편을 천하
게 만드니라.

家有賢妻면 夫不遭橫禍니라

해 집에 어진 아내가 있으면 남편은 뜻밖의 재앙을 당하지 않느니
라.

賢婦는 和六親고 佞婦는 破六親이니라.

해 어진 부인은 육친(六親=부·모·형·제·처·자)을 화목하게 하
고 아첨하는 부인은 육친의 화목을 깨뜨리느니라.

增補篇 〔미비한 점을 보충하는 길〕

周易에 曰善不積이면 不足以成名이요 惡不積
足以滅身이어늘 小人은 以小善으로 爲无益而弗爲
也하고 以小惡으로 爲无傷而弗去也니라 故로 惡積而
不可掩이요 罪大而不可解니라

해 주역에 가로되 "선을 쌓지 아니하면 이름을 이룰 수 없을 것이
요, 악을 쌓지 아니하면 몸을 망칠 일이 없을 것이어늘 소인은 작
은 선으로써는 이로움이 없다고 해서 행하지 아니하고 작은 악으
로써는 해로움이 없다고 버리지 아니하느니라. 그러므로 악이 쌓
이면 덮어둘 수 없고 죄가 크면 풀지 못하느니라."

履霜하면 堅氷至하나니라 臣弑其君하며 子弑其父非一
旦一夕之事ㅣ其由來者ㅣ漸矣라

해 서리를 밟을 때가 되면 얼음이 얼 때에니라. 신하가 그 임금을
죽이며 자식이 그 아비를 죽임이 하루 아침이나 하루 저녁에 이루
어진게 아니라 그 말미암이 오래이니 미리 막음이 좋으니라.

八反歌八首 (錄桂宮誌) (록계궁지)〔자식 사랑과 부모 효도〕

幼兒ㅣ 或詈我면 我心에 覺權喜고 父母ㅣ 嗔

❖ 일장춘몽(一場春夢): 인생의 영화(榮華)가 한바탕의 봄 꿈과 같이 헛됨을 말함.

兒曹는 出千言호되 君聽常不厭하고 父母는 一開口便道多閑管이라 非閑管親掛牽이니라 皓首白頭에 多諳諫이라 勸君敬奉老人言하고 莫敎乳口로 爭長短하라

幼兒尿糞穢는 君心에 無厭忌로되 老親涕唾零에 反有憎嫌意니라 六尺軀來何處요 父精母血成汝體라 勸君敬待老來人하라 壯時爲爾

怒我心하면 反不甘이라 一喜權一不甘이니하 待兒待父心何懸고 勸君今日逢親怒든 也應 將親作兒看하라

筋骨敝라니 看君晨入市하여 買餅又買饌하니 多說供兒曹라 親未啖兒先飽니 子心이 不比親心好라 勸君多出買餅錢하여 供養白頭

光陰少라 市間賣藥肆에 惟有肥兒丸하고 未有壯親者니하 何故兩般看고 兒亦病親亦病에 醫兒不比醫親症이라 割股도라 還是親的肉이니 勸君亟保雙親命하라

❖ 일확천금(一攫千金) : 노력함이 없이 벼락부자가 되는 것을 가리킴.

富貴엔 養親易로되 親常有未安하고 貧賤엔 養兒
難하되 兒不受饑寒이라 一條心兩條路에 爲兒終
不如爲父라 勸君兩親은 如養兒하고 凡事를 莫
推家不富라하니라

해 부하고 귀하면 어버이를 섬기기 쉬우나 항상 어버이는 편치 않
은 마음이 있고 가난하고 천하면 아이를 기르기 어려우나 배고프
고 추운 것을 받지 아니하느니라. 한가지 마음과 두가지 길에 아이
를 위함이 마침내 어버이를 위함만 같지 아니하느니라. 그대에게
권하노니 어버이 섬기기를 아이를 기르는 것과 같이 하고 모든 일
을 집이 넉넉지 못한데만 미루지 말 것이니라.

養親엔 只有二人이로되 常與兄弟爭하고 養兒엔
雖十人이나 君皆獨自任이라 兒飽煖親常問되하父
母饑寒不在心이라 勸君養親을 須竭力하라 當初
衣食이 被君侵이라

해 어버이를 섬기기에는 다만 두분인데도 늘 형과 동생이 서로 다
투고 아이를 기름에는 비록 열명이라도 다 혼자 맡느니라. 아이가
배부르고 따뜻한 것은 어버이가 늘 물으나 어버이의 배고프고 추
운 것은 마음에 두지 아니하느니라. 그대에게 권하노니 어버이 섬
기기를 모름지기 힘을 다하라. 애당초 입을 것과 먹을 것을 빼앗
겼느니라.

아이도 병이 들고 어버이도 역시 병이 들었는데 아이의 병을
고치는 것은 어버이의 병을 고치는 것에 비하지 못할 것이니라. 다리
버이의 목숨을 안전하게 보호하나라. 그대에게 권하노니 빨리 어
버이의 병을 고치는 것은 어버이의 살이니 그대에게 권하노니 빨리 어

親有十分慈되하 君不念其恩하고 兒有一分孝
君就揚其名이라 待親暗待兒明하니 誰識高堂
養子心고하 勸君漫信兒曹孝라하 兒曹親子在
君身이라

해 어버이는 지극히 그대를 사랑하되 그대는 그 은혜를 생각하지
아니하고 자식이 조금이라도 효도함이 있을진대 그대는 곧 그 이
름을 빛나게 하느니라. 어버이를 대접하는 것은 어둡고 자식을 대
하는 것은 밝으니 누가 어버이가 자식없이 아이를 기르는 마음을 알
것인고. 그대에게 권하노니 부질없이 아이들의 효도를 믿지 마라.
아이들의 어버이가 바로 그대인 것이니라.

孝行篇(續) (자식의 참된 길이란)

孫順이 家貧여하 與其妻로 傭作人家以養母
러니 有兒每奪母食이라 順이 謂妻曰兒奪母食
하니 兒는 可得이니와 母難再求라하고 乃負兒往歸醉山
北郊여하 欲埋掘地니러 忽有甚奇石鍾이늘어 驚恠
試撞之니하 春容可愛라 妻曰得此奇物은 殆兒
之福이니 埋之不可니라하 順이 以爲然여하 將兒與

❖ 자수성가(自手成家) : 물려받은 재산 없이 재산을 모아 한 살림을 꾸려감.

鍾還家여하 懸於樑撞之니러 王이 聞鍾聲이 淸遠
異常而颷聞其實하고 曰昔에 郭巨ㅣ埋子엔 天
賜金釜니러 今孫順이 埋兒엔 地出石鍾나하 前後
符同하이라 賜家一區고하 歲給米五十石라하니

해 손순이 집안이 가난하여 그 아내와 같이 남의 집 머슴살이를
하며 그 어머니를 봉양하는데 아이가 있어 늘 어머니가 잡수시는
것을 빼앗는지라 아내에게 일러 말하기를 「아이가 어머니 잡수시는 것을 빼앗으니 아이는 또 낳을 수 있거니와 어머니는 다시 얻기가 어려우니라」 하고 곧 아이를 업고 귀취산(歸醉山) 북쪽
으로 가서 묻으려고 땅을 팠더니 별안간 기이한 석종(石鍾)이 있거늘 놀라 이상하게 여겨 시험삼아 두드리니 울리는 소리가
아름답고 사랑스러운지라 아내가 말하기를 「이 기이한 물건을 얻은
것은 아이의 복이니 묻는 것은 옳지 못하니라」 순도 그러하다
리라 생각하고 아이를 데리고 종을 가지고 집에 돌아와서 종을 대들보에 달고 이것을 울렸더니 왕이 멀리서 맑게 들려오는 종소리를 듣고 이상하게 여기시어 사실을 조사하여 지음에 가로 되 「옛날 곽거가 아들을 묻음에 하늘이 금으로 만든 솥을 내리셨더니 이제 손순이 아들을 묻음에 땅에서 석종이 나왔으니 앞과 뒤가 꼭 맞는 것」하시고 집 한 채를 주시고 해마다 쌀 오십
석을 내리셨느니라.

鍾還家여하 懸於樑撞之니러 王이 聞鍾聲이 淸遠
異常而颷聞其實하고 曰昔에 郭巨ㅣ埋子엔 天
賜金釜니러 今孫順이 埋兒엔 地出石鍾나하 前後
符同하이라 賜家一區고하 歲給米五十石라하니

都氏家貧至孝라 賣炭買肉여하 無闕母饌라이러 一
日은 於市에 晚而忙歸니러 鳶忽攫肉늘이어 都ㅣ悲
號至家니하 鳶旣投肉於庭이라러 一日母病索非時
之紅柿늘어 都ㅣ彷徨柿林야하 不覺日昏니이러 有虎
屢遮前路고하 以示乘意라 都ㅣ乘至百餘里山
村하야 訪人家投宿니러 俄而主人이 饋祭飯而有
紅柿라 都ㅣ喜問柿之來歷고하 且述己意답데한 答曰
亡父嗜柿故로 每秋擇柿二百個야하 藏諸窟中
而至此五月則完者不過七八가이라 今得五十
個完者故로 心異之니하 是天感君孝라고하 遺以
二十顆늘 都ㅣ謝出門外하니 虎尙俟伏라이러 乘至
家하니 曉鷄喔喔라이러 後에 母以天命로으 終에 都有血淚
라라

해 도씨가 빈지효라 망하야 기시하 오월치완자불 일개와 과 이십지이 시천감군효 라고 유지하 이십과늘 도사출문외하 호상사복이러 승지가
니하 효계악악이러러 후에 모이천명으로 종에 도유혈루라

尚德은 値年荒癘疫여하 父母飢病濱死라 尙
德이 日夜不解衣하고 盡誠安慰되하 無以爲養則
刲髀肉食之하고 母發癰에 吮之即瘉라 王이 嘉
之여하 賜賚甚厚고하 命旌其門고하 立石紀事라하니

해 상덕은 치년황역여하 부모기병하 진성안위하 위양수단비육식지하 모발옹에 연지즉유라 왕이 가상덕은 흉년과 염병이 유행하는 해를 만나서 아버지와 어머니

❖ **자격지심(自激之心)**: 제가 한 일에 대하여 스스로 미흡한 생각을 가짐.

廉義篇 (염의편)
〔품행이 바르고 절조가 굳은 길〕

印觀이 賣綿於市할새 有署調者以穀買之而還이러니 有鳶이 攫其綿하야 墮印觀家어늘 印觀이 歸于署調曰鳶이 墮汝綿於吾家라 故로 還汝하노라 署調曰鳶이 攫綿與汝는 天也라 吾何爲受리오 印觀曰然則還汝穀하리라 署調曰吾與汝者ㅣ

市二日이니 穀已屬汝矣라 二人이 相讓가라 幷棄於市하니 掌市官이 以聞王하야 並賜爵하니라

해 인관(印觀)이 장에서 솜을 파는데 서조라는 사람이 곡식으로 사가지고 돌아가는데 솔개가 그 솜을 채 가지고 인관의 집에 떨어뜨리거늘 인관이 서조에게 돌려 보내고 말하기를 「솔개가 너의 솜을 내 집에 떨어뜨린지라 그러므로 너에게 돌려 보낸다」한대 서조가 말하기를 「솔개가 솜을 재다가 너를 준 것은 하늘이 한 것이오. 내가 어찌 받을 것이요」 인관이 말하기를 「그러면 너의 곡식을 돌려 보내리라」. 서조가 말하기를 「내가 너에게 준지가 두 장이 되었으니 곡식은 이미 너의 것이니라」하고 두 사람이 서로 사양하다가 곡식과 곡식을 임금께 아뢰자 다같이 벼슬을 주셨느니라.

〈참고〉 인관(印觀)과 서조(署調)=신라때 사람이라 전해지고 있다.

해 도씨는 집안이 가난하나 효성이 지극하여 숯을 팔아 고기를 사 어머니에게 집안에 반찬을 빠짐없이 하였느니라. 하루는 장에 늦게 돌아오는데 소리개(솔개)가 별안간 고기를 채 갔거늘 도씨가 슬피 울며 집에 돌아와 보니 솔개가 벌써 고기를 집안 뜰에 던져 놓았더라. 하루는 어머니가 병이 나서 때아닌 홍시(잘 익어 붉고 말랑말랑한 감)를 찾거늘 도씨가 감나무밭에 방황하여 날이 저무는 것도 깨닫지 못하는데 호랑이가 있어 앞길을 가로막고 뜻을 나타내는지라 도씨가 타고 백여리나 되는 산동네에 인가를 찾아 잠을 자려고 하였더니 얼마 아니되어 주인이 제삿밥을 차려 주는데 홍시가 있는지라 도씨가 마음에 기뻐하며 감의 내력을 묻고 이에 자기의 뜻을 말하였더니 대답하여 말하기를 「돌아가신 아버지께서 감을 즐기시므로 해마다 가을이면 감 이백개를 가려서 굴 안에 감추어 두고 오월에 이르러 상하지 아니한 것이 일곱 여덟개에 지나지 아니하였는데 이제 쉰개나 상하지 아니한 것이 있으므로 마음속으로 이상히 여기었더니 이는 곧 하늘이 그대의 효성을 일깨움이라」하고 스무개를 내어 주거늘 도씨가 고마운 뜻을 말하고 문밖에 나오니 호랑이는 아직도 엎드려 기다리고 있는지라 타고 집에 이르니 새벽 닭이 울더라. 뒤에 어머니가 천명을 다하고 돌아가시매 도씨는 피눈물을 흘리더라.

洪基燮이 少貧甚無料러니 一日早에 婢兒踊躍하야 獻七兩錢曰此在鼎中하니 米可數石이요 柴可數駄니 天賜天賜니이다 公이 驚曰是何金고 卽書失金人推去等字하야 付之門楣而待러니 俄而 姓劉者ㅣ 來問書意어늘 公이 悉言之한대 劉ㅣ曰 理無失金於人之鼎內니라 果天賜也라 盍取之닛고 公이 曰非吾物에何오 劉ㅣ 俯伏曰小的이 昨夜에 爲竊鼎來라가 還憐家勢蕭條而施之

해 홍기섭(洪基燮)이 젊었을 때에 가난하여 매우 무료(無料)하더니 하루는 아침 일찍 계집 아이가 기뻐 뛰며 돈 일곱냥을 바치며 말하기를 「이것이 솥 속에 있었으니 쌀이 몇섬이며 나무가 몇바리입니까? 참 하늘이 주신 것입니다.」공이 놀래어 가로되 「이것이 어찌된 돈인고?」하고 곧 돈 잃은 사람은 찾아가라는 글자를 써서 대문 위에 붙여놓고 기다리더니 이윽고 유가(劉哥)라는 사람이 찾아와 글 뜻을 묻거늘 공이 다 말해 들려 주었더니 유가가 말하기를 「남의 솥 속에다 돈을 잃을 사람은 없나이다. 정말 하늘이 주신 것인데 왜 취하지 않으시는 것입니까?」 공이 말하기를 「나의 물건이 아닌데 어찌 가지리오.」 유가가 꿇어 엎드려 말하기를 「소인이 어젯밤에 솥을 훔치러 왔다가 도리어 가세가 너무 쓸쓸한 것을 불쌍히 여기어 이것을

105

❖ 조삼모사(朝三暮四) : 임시 변통의 수단으로 사람을 농락함.

今感公之廉价하야 良心自發하야 誓不更盜願
欲常待니하나 勿慮取之하소 公이 即還金曰汝之
爲良則善矣나 金不可取라고 終不受라러 後에
公이 爲判書고하 其子在龍이 爲憲宗國舅며하 劉
亦見信야하 身家大昌니하는라

〈해〉 홍기섭이 어렸을 때 급료가 없어서 심히 가난하였다. 하루 아침에 어린 계집종이 기뻐 날뛰며 돈 일곱 냥을 가지고 와서 말하기를 "이것이 솥속에 있오니 쌀이 가히 몇 섬이요, 나무가 몇 바리가 될 것인즉 참으로 하늘이 주신 것입니다." 공이 놀라며 말하기를 "남의 솥속에다 공은 어찌 그 돈을 뭇는가". 그리고 곧 돈 잃은 사람을 찾아가라는 글을 써 대문 위에 붙이고 기다리더니 이윽고 유(劉)가라는 사람이 찾아와서 글의 뜻을 묻거늘 공은 일을 진실로 말하였더니 유가 말하기를 "남의 솥속에다 돈을 잃을 사람이 없을 것이오니 진실로 하늘이 주신 것이니 어찌 취하지 아니하십니까." 공이 말하기를 "내 물건이 아닌 것을 어찌 가질 것이오." 유가 엎드려 절하며 말하기를 "소인이 어젯밤 솥을 훔치러 왔다가 집의 형세가 너무 쓸쓸함을 도리어 불쌍히 여겨 이제 돈을 놓고 돌아 갔더니 공의 성정이 고결하여 마음이 깨끗함에 감복하고 양심이 움직이어 이 다시는 도둑질을 아니할 것을 맹세하옵고 앞으로는 늘 모시기를 원하오니 염려하지 마시옵소서." 공이 돈을 돌려 주며 말하기를 "네가 선량한 사람이 된 것은 좋으나 이 돈은 취할 수 없느니라." 하고 끝내 받지 아니하더라. 그후 공은 판서가 되고 그 아들 재룡(在龍)은 헌종(憲宗)의 부원군이 되었으며 유가 역시 믿음을 보여서 몸과 집안이 크게 번창하였느니라.

〈참고〉 홍기섭(洪基燮) = 이조(李朝) 말엽 사람이나 어느 때인지 정확히 알 수 없으며 청렴하기로 이름이 높았으며 판서(判書)에까지 벼슬이 올랐었다.

高句麗平原王之女ㅣ 幼時에 好啼니러 王이 戲
朱子ㅣ曰勿謂今日不學而有來日며하 勿謂今

勸 學 篇 〔참된 배움의 길〕

于上部高氏대한 女以王不可食言으로 固辭고하 終
爲溫達之妻다하 盖溫達이 家貧야하 行乞養母니러
時人이 目爲愚溫達也라러 一日은 溫達이 自山
中으로 負楡皮而來니하 王女訪見曰吾乃子之
匹也ㅣ라고 乃賣首飾而買田宅器物야하 頗富
多養馬以資溫達야하 終爲顯榮라하니

〈해〉 고구려 평원왕의 공주가 어렸을 때 울음이 많아 왕이 희롱하여 가로되 "너를 장차 바보 온달에게 시집을 보내리라." 자라매 상부(上部) 고씨에게 시집을 보내려고 하는데 공주는 "임금은 식언(食言)을 아니하나이다." 하며 한 말이나 약속과 다르게 말함)을 아니하나이다." 하고 마침내 온달의 아내가 되었느니라. 이 사양하고 빌어 어머니를 봉양하니 그때 사람이 이를 바보 온달이라 하더라. 하루는 온달이 산에서 느티나무 껍질을 지고 돌아 오니 공주가 찾아와 말하기를 "나는 당신의 배필이라." 하고 머리 꾸미개를 팔아 밭과 집을 사고 살림에 쓰는 그릇붙이를 사니 매우 부유하게 되고 말을 잘 길러서 도우니 마침내 온달이 지위가 높아지고 귀하게 되었느니라.

〈참고〉 온달(溫達) = 고구려 평원왕 때의 장식품을 팔아 공을 세워 대형(大兄)이라는 벼슬에 올랐다. 북주(北周) 무제(武帝)의 군사를 쳐서

❖ 혹세무민(惑世誣民) : 세상을 어지럽히고 백성을 속임.

年不學而有來年이라하며 日月逝矣나 歲不我延이니
嗚呼老矣라 是誰之愆고

少年은 易老하고 難學成이니 一寸光陰이라도 不可輕이라
未覺池塘에 春草夢인데 階前梧葉이 已秋聲이라

陶淵明詩에 云盛年은 不重來하고 一日은 難再
晨이니 及時-當勉勵라하니라 歲月은 不待人이라하니라

笱子-曰不積頗步면 無以至千里요 不積小
流면 無以成江河라하니라

【해】주자 가로되 「오늘 배우지 아니하고서 내일이 있다고 말하지 말며, 금년에 배우지 아니하고서 내년이 있다고 말하지 말라. 날과 달은 간다, 세월은 나를 기다리지 아니하느니 오호! 늙었도다, 이 누구의 허물인고.

【해】소년은 늙기는 쉽고 학문은 이루기 어려우니 촌음(寸陰=얼마 못되는 시간)이라도 가벼이 하지 말라. 연못 뚝의 봄풀은 깨어나지 않았는데 섬돌(오르내리는 돌 충계) 앞의 오동나무는 벌써 가을 소리를 내느니라.

【해】도연명의 시에 이르기를 「젊음은 두번 거듭 오지 아니하고 하루에는 두번 새벽이 있지 않나니 젊었을 때에 마땅히 학문에 힘써라. 세월은 사람을 기다리지 않느니라.」

【해】순자 가로되 「반걸음을 쌓이지 않으면 천리에 이르지 못할 것이요, 작게 흐르는 물이 쌓이지 않으면 강과 하천을 이루지 못하느니라.

勸學文 朱子訓

오늘 배우지 않아도 내일이 있다고 이르지 말며
금년에 배우지 않아도 내년이 있다고 이르지 말아라
勿謂今日不學而有來日
勿謂今年不學而有來年

날과 달은 가고 해는 나와 함께 늦어지지 않으니
슬프다 늙어서 후회한들 이것이 뉘 허물이겠는가
日月逝矣歲不我進
嗚呼老矣是誰之愆

소년은 늙기 쉽고 배움은 이루기 어려우니
일초의 시간인들 가볍게 여기지 말아라
少年易老學難成
一寸光陰不可輕

연못 가에 봄풀 꿈을 미처 깨지 못하여서
뜰앞에 오동잎이 이미 가을 소리를 전하도다
未覺池塘春草夢
階前梧葉已秋聲

婚

한 쌍의 남녀가 축복된 결혼식을 올리기까지에는 지켜야 할 절차가 많다. 예로부터 내려오는 혼례의 참뜻을 새기며 오늘날의 결혼에 살려나감이 바람직한 일이겠다.

■ 혼례의 의식

◆ 사주 (四柱)

사주에는 신랑의 생년월일과 출생한 시각을 간지에 써서 왼쪽에서 오른쪽으로 8겹으로 접어서 흰 봉투에 넣은 뒤 뚜껑을 접고 가는 싸리가지를 봉투 기장보다 아래 위로 1cm 정도 길게 잘라서 다듬은 다음 위의 1cm 정도 남기고 가운데를 가른 다음 사이에 사주 봉투를 끼우고 청실, 홍실의 둥근 타래실을 꼬아 싸리가지 끝에서 걸어 매듭지지 않게 묶는다. 다음, 청실, 홍실로 갈라 나무가지의 양편 윗목으로 올라가 실을 합쳐 네귀퉁이에 금전지를 달아서 만든 사주보에 싸서는 남색의 네모난 비단 겹보를 네 귀퉁이에 띠를 두른다.

이와같이 사주는 남자집에서는 청혼의 형식으로 보내는 것이고, 여자 집에서는 허혼의 형식으로 이것을 받아, 비로소 형식적인 정혼(定婚)이 이루어진다.

◆ 연길 (涓吉 · 택일)

사주를 받은 신부 집에서는 여자의 생리 기일을 고려해서 혼인 날짜를 받는다. 이것을 간지에 써서 사주보와 같은 보에 싸서 근봉을 끼워서 신랑집에 보낸다.

◆ 납채 (納采 · 혼서지)

납채는 혼서라고도 하는데 함 크기만한 두꺼운 간지에 혼서를 신랑 아버지가 써서 사당에 고한 다음 신부 아버지에게 편지로써 검은색 비단 겹보에 싸서 함 속에 넣어 혼인 전날 보낸다. 신부는 이것을 죽을 때 관속에 넣어간다고 한다. 신부 아버지가 써서 사당에 고한 다음 그것을 받아 사당에 고한다.

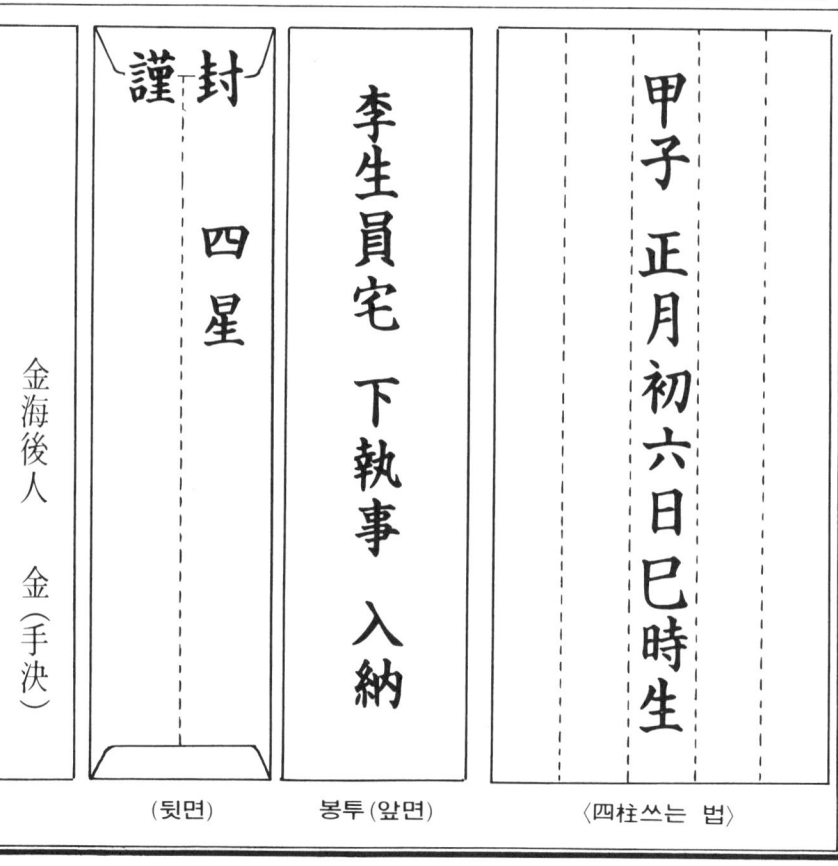

甲子 正月 初六日 巳時 生

〈四柱쓰는 법〉

李生員宅 下執事 入納

봉투(앞면)

謹封
四星

(뒷면)

尊雁 壬戌年 十月 二十三日 十二時
際
金海後人 金 (手決)

壬戌年 月 日

〈涓吉書式〉

◆ 납폐(納幣)

납폐는 혼인 전에 신부집으로 보내는 것으로 채단은 이단으로 하나는 청색이요, 하나는 홍색으로 홍지에 싸서 청색명주실로 동심결을 맺고, 홍색 명주실로 동심결을 맺는다. 함 속에 함속보(다홍색겹보)를 넣고 황남에는 씨박힌 면화 몇개와 팥 몇 알을 넣고는 홍색 채단과 청색 채단을 포개어 넣고 함 네귀퉁이에 마분향(痲)을 넣은 뒤 주머니 끈을 매어서 함 네귀에 넣고 보를 덮는다.

그 위에 검은 비단 겹보자기에 붉은 색 금전지를 네귀퉁이에 단 혼서보에 싸서 근봉을 두른 혼서지를 올려 놓은 뒤 자물통을 잠그지 않고 끼워 놓은채, 홍색(다홍색) 두겹에 금전지를 달아서 만든 겉보로 싼 뒤(매지는 않음) 근봉을 끼운다.

무명 여덟자로 된 함질 끈을 마련하여 석자는 땅에 끌리게 하고 나머지로 고리를 만들어 함을 지도록 한다.

◆ 봉치떡

신부, 신랑 집에서는 찹쌀 두되에 팥고물을 넣은 가운데 대추와 밤을 박아서 찐다. 이것을 봉치라고 하는데 이 떡이 설지 않도록 정성껏 찐 뒤 시루를 마루 위에 있는 소반에 떼어다 놓고 그 위에 함을 올려 놓았다가 지고 가게 한다. 또 신부집에서도 화문석을 깔고 소반에 봉치떡을 해서 함이 올 때 놓았다가 함을 받도록 한다. 함을 받은 뒤에는 가운데 묻은 대추와 밤은 색시 주발뚜껑에 퍼서 혼인하기 전날 색시가 먹도록 한다.

◆ 함 지고 가기

함부(아들낳고 내외 갖춘 사람으로)는 홍단형을 입고 함을 지며, 너 사람은 횃불로 앞을 인도하였다. 여자집에 가면 여자집에 준비된 시루 위에 함을 내려 놓는다. 함부와 같이 간 사람을 후히 대접한다.

자집에서는 함부와 같이 간 사람에 행하는 예도, 혹은 전안(奠雁) 당일에 또 대개 납폐는 전안 전날에 행하는 시세에 의하여 며칠전에 행하는 집도 있다.

◆ 상수(床需)와 사돈지(査頓紙)

상수는 신부집에서 혼례에 사용했던 음식물을 신랑집에 보내는 것을 말하며, 이때에도 상수송서장(床需送書狀)이란 편지와 같이 보내는 물품을 기록한 물목(物目)을 보내게 되어 있으며 이때 사돈지라 하여 신부의 어머니가 신랑의 어머니에게 편지가 있으니 이때의 음식솜씨와 편지내용등으로 자기집의 범절을 평가 받게 되었으나 근래는 생략하고 있다.

◆ 우귀(于歸)와 견구례(見舅禮)

우귀는 신행(新行)이라고도 하여 신부가 정식으로 신랑집에 입주하는 의식이나 근래에는 혼례식 당일에 예식장의 폐백실을 이용하여 폐백을 올림으로써 대행하는 것이 통례로 되어 있다.

견구례는 신부가 신랑의 부모와 친척에게 첫인사를 하는 의식으로 우귀일에 하는 것이다. 이때 신랑의 직계 존속에게는 네번 절하고 술을 권하는데 그 외는 한번 절한다.

◆ 폐백(幣帛)

● 대 추

한말을 잔 것, 벌레 먹은 것은 다 추려내고 깨끗이 씻어서 정종 1컵에 물 반컵을 타서 고루 묻힌다. 이것을 뚜껑이 있는 그릇(양푼)에 담아서 따뜻한 아랫목에 6~7시간 묻어 두면 대추가 윤이 나며 적당히 붇는다.

이때 대추의 꼭지를 따고 실백을 솔잎에 꿰어 놓은 다음 다홍실에 남은 실백은 꼭지를 딴 뒤, 솔잎에 꿰어 20여개씩 다홍실에 한데 묶어 장식한다.

폐백때 대추를 쓰는 것은 대추는 머느리가 아들을 낳기를 장수의 뜻을 나타내고, 대추를 던져주는 것이 신선의 선물로 장수를 원하는 것이다.

● 편 포

우둔살이나 정육 10근을 기름과 힘줄을 빼고 곱게 다져서 소금, 참기름, 후추에 재워서 두 덩어리를 만든다. 청띠(청사지), 홍띠(홍사지)를 맞추어 타원형으로 만든다. 잣소금을 뿌려 쟁반 길이에 감은 뒤 폐백은 쟁반에 담아 유지(油紙)를 덮은 겹보로 싸서 보자기 위는 근봉을 한다.

● 꿩이나 닭으로 할 때

건치(꿩) 폐백은 꿩 두마리로 하는데, 먼저 머리를 자른 뒤 찜통에

● 폐백 보

제일 겉보는 폐백상보로 사용되는데, 사방 1백 cm의 홍겹보로 만들어 네귀에 연두색 금전지를 단다.

속보는 폐백마다 각각 싸게 되므로 시부모만 계실 땐, 2개 시조부모가 계실 땐, 4개를 마련한다.

어 가정의 풍습에 따라 색도 여러가지지만 진분홍 겉으로 크기는 폐백의 분량에 따라 차이가 있겠으나 사방 70 cm 정도면 된다.

● 근봉(謹封)

폐백은 잡아 매지 않고 빳빳한 장지를 아래 위 없이 둥글게 말아서 부친 뒤 5 cm 정도로 자른다. 다음 길이로 근봉(謹封)이라 써서 보의 네귀퉁이를 잡아 모아 근봉으로 끼운다. 이는 「삼가 봉하나이다」로 의 뜻이다.

그리고 근봉위로 나온 술이 달린 네귀를 각각 젖혀서 늘어지게 한다. 위로는 연꽃 모양처럼 되며 아름답다. 근봉은 보통 예백 하나 때로는 다섯개를 만들어야 한다.

● 입맷상

색시가 폐백드리러 와서 준비할 동안 입맷상이라고 하여 국수장국에 수정과나 화채로 되어 씹지 않고 요기가 될 수 있는 상을 준다.

색시는 여기서 간단히 요기를 하게 되는 것이다.

▲ 폐백드리기

폐백상만 펴놓고 색시를 수모(여자집에서 데려감)가 리고 가서 큰절을 한번 시키는데 이때 하님은 양쪽에서 동이머리(큰머리)를 붙잡아 준다.

두번째 절을 하기 위하여 일어 났으면 수모는 폐백을 가져와 색시 앞에 잠깐 앉으면 시아버지 시부모앞에 놓는데 먼저 대추 폐백부터 시아버지 앞에 놓고 절 세

번 반을 마저한 다음 시어머니에게 역시 하님을 머리를 붙잡고 수모는 양옆에서 절을 한번 시키고 앉은 뒤 편포(겨울)나 포(여름)를 시면 수모는 다시 그것을 받아 색시 원삼소매안에 넣어 주면서 치마 앞에 한 색시가 다시 앉으면 시어머니 앞에 놓고 세번 반 절을 더 한다.

그릇을 옮겨 색시 앞에 놓고 첫낯밤에 먹도록 한다. 이때 시어머니는 편포 위를 두드리며 어루만지는 것은 색시의 흉허물을 덮어 달라는 것이다. 이는 색시가 시집에 고유하다면 시어머니는 대추와 포의 폐백은 한쪽 부모만 생존하셨더

시부모에게 폐백을 드리고 나면 이 폐백은 수모가 물리고 빈상만 놔두고 다른 친족들에게 드리게 되는 것이며 시조부모가 계시다면 이 두분의 폐백은 따로 준비하는 것이다. 혹 시아버지만 계실 때는 대추와 포의 폐백을 그에 담아준다. 만일 시아버지가 계시지 않는다면 폐백하고 나온 대추만 몇개를 라도 준비한다. 그러나 색시는

시부모에게는 폐백을 드리고 나면 이 폐백은 수모가 물리고 빈상에 백숙부모 내외분이 함께 앉아 있으시도록 한 뒤, 절은 4배씩 8배를 한다. 그 뒤 시삼촌, 시고모에게는 두분이 앉으시게 하고 4배를 한다. 윗동서 내외분에게 각각 큰절을 한번씩 하므로 두번을 하며 그때 동서 내외는 먼저 서는 답례를 한다. 단 절을 먼저 뒤에 절을 시작하면 색시는 답례를 한번 하고 또 시어머니는 신부를 대청 이다. 이렇게 상호례가 끝난 다음에 갖은 예물을 상보하고 관례를 시킨다.

▲ 요즈음에 흔한 잘못

폐백은 신부가 시댁 부모 친족들에게 인사드리는 것이므로 신랑의

신랑의 아버지 충층 시하에 계시더라도 신부는 먼저 시부모님께 폐백을 드린 후에 수모는 대추와 포를 물리고 또 시부모가 아무리 층층 시하에 계시더라도 신부는 먼저 시부모께 폐백을 드리고 난 후에 외가친지에게 절을 한다. 그런데 요즈음은 처음부터 끝까지 폐백만 놓고 친족에게 절을 두서없이 대추를 던져주는 것 같은 것이 있는데 삼갔으면 싶다.

◆ 가정의례준칙

◆ 약 혼 (가정의례준칙 제5조)

약혼을 하는 경우에는 당사자의 호적등본과 건강진단서를 첨부한 약혼서를 교환함으로써 행하되 약혼식은 따로 거행하지 아니한다.

약 혼 서

본적 : 서울   구   동   (통   반)
주소 : 서울   구   동   (통   반)
      성명 :
      19 년 월 일생

본적 : 경북   군   면   동   번지
주소 : 서울   구   동   번지
      성명 :
      19 년 월 일생

위 두 사람은 혼인할 것을 이에 서약함.

첨부 : 1. 호적등본 1통
      2. 건강진단서 1통

    약혼자 :　　　　　㊞

    동의자(남자측) :　㊞ ㊞

    　　　　(여자측) :　㊞ ㊞

◆ 혼례식 (婚禮式)

① 혼인 (가정의례준칙 제6조)
혼인식을 거행하는 경우에는 다음 각호의 사항을 준수하여야 한다.
1. 혼인식의 장소는 당사자 일방의 가정, 공회당이나 법 제5조의 규정에 의하여 허가를 받은 결혼식장 기타 적당한 장소로 한다.
2. 혼인신고서에 서명날인 한다.
3. 혼례복장은 단정하고 간소하며 청결한 옷차림으로 한다.

혼인식순

가. 개 식
나. 신랑 입장
다. 신부 입장
라. 신랑·신부 맞절
마. 혼인서약
바. 성혼선언
사. 혼인신고서 날인
아. 주 례 사
자. 신랑·신부 내빈께 인사
차. 신랑·신부 행진
카. 폐 식

② 혼인에 있어서 함잡이를 보내는 행사는 하지 아니한다.
③ 신행은 혼인 당일에 한다.
④ 혼인식에 있어서의 식순, 혼인서약 성혼의 선언 요령은 별지 ②에 의한다.

◆ 혼인서약 (婚姻誓約)

① 주례는 신랑 신부에게 별지 제2호 서식에 의한 혼인서약을 하고 혼인신고서에 서명(또는 기명) 날인하게 한다.

"신랑 ○○○군과 신부 ○○○양은 어떠한 경우라도 항상 사랑하고 존중하며 진실한 남편과 아내로서의 도리를 다할 것을 맹세합니다."

◆ 청첩장 (請牒狀)

청첩장은 진실로 축복해 줄 사람에게만 보낸다. 의한 개별적인 청첩은 금지되어 있다. (가정의례준칙 제4조 1항) 그러나 구두(口頭)나 자필 사신(私信)으로 통지하는 것은 무방하다.
이를 위반시에는 당사자나 친권자, 후견인에 대하여 50만원 이하의 벌금 또는 과료에 처하도록 되어 있다. (가정의례준칙 제10조)

◆ 결혼에 따른 각종 서식

〈청첩장〉

청 첩 장

　　　씨　차남　　군
　　　씨　장녀　　양

위 두사람은 어버이 가지신바요 본인들이 백년가약의 뜻이 있어 여러 어른과 벗을 모시고 화촉을 밝히고자 하오니 부디 오셔서 복된 자리를 더욱 빛내 주소서.

　곳 :　　예식장
　때 :　　년　월　일　시
　　　　（음　월　일）

　　주　례
　　청첩인

　　　　　　　　　　귀하

請　牒　狀

　　　○○○　氏　次男　○○　君
　　　○○○　氏　長女　○○　孃

이 두 사람의 婚禮를 ○○○先生님의 主禮로 ○○○禮式場에서 擧行하게 되었사오니 光臨의 榮을 베풀어 주시옵기 敬望하나이다.

（陰 ○月 ○日）（○曜日）上午 ○時 ○月 ○日

一九　年　月　日

　　　親族代表　○○○
　　　　〃　　　○○○（新郎便）
　　　友人代表　○○○（新婦便）

○○○氏座下
同令夫人座下

〈혼인통지예문〉

삼가 존체의 만안하심을 비나이다. 고마우신 뜻을 힘입어 저희들은 지난 ○월 ○일 ○○예식장에서 ○○○선생님의 주례 밑에 혼례식을 올렸습니다.
따뜻하신 축복에 감사와 우선 지필로써 인사드리나이다.

　　　　　　　○월　○일
　　　　　　　　○○○
　　　　　　　　　올림

○○○
　귀하

〈축하문구〉

祝 축 結婚 결혼	祝 축 華婚 화혼	祝 축 華燭 화촉
祝 축 聖婚 성혼	祝 축 盛典 성전	賀 하 儀 의

● 단자（單子） 쓰는 법
• 축하금을 보낼 때 （당사자에게）

祝　華　婚

　　一金
○○○　貴下
　　　　○年 ○月 ○日
　　　　　　○○○　謹呈

〈主婚者에게〉

令胤　婚姻時

　　一金
○○○先生 宅
　　　　○年 ○月 ○日
　　　　　　○○○　謹呈

〈봉투만 쓸 때〉

祝　華　婚

　一金　　　원整

• 축하품을 보낼 때 〈당사자에게 보낼때〉

一, ○○○〈품목명〉

두분의 백년가약을 축복드리며 변변치 않으나, 이로써 축하의 뜻을 표하나이다.

신랑 ○○
신부 에게

○년 ○월 ○일
○○○ 드림

〈主婚者에게 보낼 때〉

○○ 先生宅
○○○ (物目)

令愛 婚姻時

○
○○○ 謹呈

[참고]

아들이면 영윤(令胤)、딸이면 영애(令愛)、손자면 영손(令孫)、손녀면 영손녀(令孫女)、누이동생이면 영매(令妹) 라고 쓴다.

〈납폐 문〉

삼가 존체의 안녕하심을 비오며, 이 번 따님 ○○양과 저의 아이 ○○와의 허혼을 감사히 생각하옵고 이에 간소한 폐백을 드리옵니다.

○○○ 귀하
○년 ○월 ○일
○○○ 올림

(신랑측 부형의 성명)

〈납폐품에 대한 회답〉

삼가 귀댁의 만복을 비오며, 이번 정중한 폐백을 보내주심에 대하여 깊이 감사하나이다.

○○○ 귀하
○년 ○월 ○일
○○○ 올림

〈납폐물목〉

목 록
一, 청색 비단치마 一 감
二, 홍색 비단치마 一 감

○○○ 올림

결혼기념일

1 년	지 혼 식(紙 婚 式)
2 년	고 혼 식(藁 婚 式)
3 년	과 혼 식(菓 婚 式)
5 년	목 혼 식(木 婚 式)
6 년	화 혼 식(花 婚 式)
10 년	석 혼 식(錫 婚 式)
15 년	수 정 혼 식(水晶婚式)
20 년	도 자 기 혼 식(陶磁器婚式)
25 년	은 혼 식(銀 婚 式)
30 년	진 주 혼 식(眞珠婚式)
35 년	산 호 혼 식(珊瑚婚式)
40 년	에머랄드혼식(綠玉婚式)
45 년	루 비 혼 식(紅玉婚式)
50 년	금 혼 식(金 婚 式)
75 년	다이아몬드혼식(金剛石婚式)

탄 생 석

1月 : 가네트(石榴石) • 아름다운 우애가 변치 않음과 충실
2月 : 아메시스트(紫水晶) • 성실과 마음의 평화, 허식없는 참다운 마음
3月 : 아카마린(藍玉) • 정열 • 용감 • 총명
4月 : 다이아몬드 • 영원한 행복
5月 : 에메랄드(綠玉) • 행복과 매력
6月 : 진주(眞珠) • 건강과 장수
7月 : 루비(紅玉) • 질투나 의심을 모르는 순정
8月 : 사도닉스(紅瑪瑙) • 화합(和合)
9月 : 사파이어 • 청순과 덕망
10月 : 오팔(蚕白石) • 온화와 인내
11月 : 토파즈(黃玉) • 화락(和樂)
12月 : 터키석(土耳其石) • 성공

喪

■ 상례의 의식

상(喪)을 당한 가족들은 슬픔속에서도 정성을 다해 빈틈없는 절차로 장사를 치르는 것이 무엇보다 중요한 일이다.

◆ 임 종 (臨 終)

임종은 부모가 운명하시는 것을 곁에서 지켜드리는 일이다.

임종은 예견할 수 없는 일이므로 집안에 병세가 위중한 노인이 계실 때에는 기별 받을 수 있도록 항상 거처를 주위의 사람이 나 가족에게 알려두어 속히 연락 받을 수 있게 한다.

또한 환자가 있는 방은 물론이고 운명하신 후 모셔 둘 방에는 세간을 치우고 정결하게 청소하고, 임종시에 갈아 입혀 드릴 옷 한벌을 준비하여 둔다.

한편 가족들은 황망 중에서도 깨끗하게 몸가짐, 옷차림을 할 수 있도록 여러가지로 유의하여 두는 것이 옳다.

◆ 정제수시 (整齊收屍)

운명을 하면 임종을 모신 분들이 우선 조용히 명복을 빌어드린 다음 침착한 태도로 돌아간 분의 몸과 수족을 반듯하게 정제수시(整齊收屍)하고 북침(北枕 ― 머리를 북쪽에 두는 뜻)으로 눕히고 얼굴에 백포를 씌우고 홑이불을 머리까지 덮어 둔다.

● 정제수시 : 먼저 눈을 곱게 감도록 쓸어내리고, 몸을 반듯하게 한 다음 손과 발을 쭉 뻗게끔 만져 다리를 가즈런하게 모아 발끝이 위로 가게 하고 양손은 배 옆으로 나란히 한다.

정제수시를 마치고 마지막으로 병풍을 치는데 대개 뒷면의 흰색이 앞으로 보이게 펴서 친다. 사체를 모신 방에는 불을 때지 말고 차게 한다.

임종을 모시고 이상과 같이 임종 직후의 예를 갖춘 다음 애도 조신하는 마음으로 초종 (初終)에 임한다.

초종은 운명한 후 장례 지낼 때까지를 초종이라고 한다.

◆ 발 상 (發 喪)

집안에서는 먼저 상제(喪制 ― 상을 당한 자손) 중에서 주상(主喪 ― 장자, 장자가 없을 때에는 장손으로 정함)을 정하고 역복(易服)을 한다.

● 역복 : 옷을 갈아 입는 뜻이며 이때부터 상복을 입은 것은 아니고 우선 평소에 입던 화사한 색채의 옷을 벗고 검소한 것으로 바꾸어 입는다. 옛날에는 주상인 남자는 흰색이나 두루마기의 한편 팔을 빼어 한편 소매를 늘어뜨린채 입었다. 그러나 근래에는 검은색이나 회색으로 갈아 입어도 무방하다고 생각한다. 여자 상제는 검은색이나 회색의 평상복으로 갈아 입으면 무방할 것이다. 옛날에는 이때 또한 회색의 평상복으로 머리를 풀었다.

● 곡(哭) ― 이렇게 역복을 하고 곡을 하여야 비로소 발상이 된 것이었으나, 이제 형식적인 곡은 하지 말고 오히려 운명하신 분 앞에 잠시 모여 앉아 명복을 비는 것이 좋다고 생각한다.

● 초혼(招魂) ― 초혼이란 죽은 사람의 혼이 몸에서 떠난다 하여 그 혼백을 다시 불러 들이는 뜻에서 예문에서는 복(復)이라고 한다. 즉 죽은 이의 웃옷(저고리)을 높이 공중으로 올려 공중을 향하면서 「○○○복」하고 그의 주소 · 성명 · 관명(官名) 등을 붙여 세번 큰 소리로 복을 부른 뒤 그 옷을 다시 시신에 덮어 주었다.

◆ 전(奠)을 올림

전은 초종 중성복제 이전까지는 돌아간 분이라도 생시와 같이 모시 리본을 드리며 시신을 가린 병풍 앞으로 모시는데 포혜(포와 식혜)를 올리는 일이다. 전을 올릴 때에는 다는 뜻에서 포혜를 올리고 제상을 시신을 가린 병풍 앞에 놓고 백지를 깐로 절을 하지는 않고 제상을 시신을 가린 병풍 앞에 놓고 백지를 깐다음 그 위에다 올린다.

◆ 영정(影幀) · 향탁

영정 : 미리 준비한 고인의 사진을 검은색의 리본을 드리며 시신을 가리 병풍 앞으로 모시거나 혹시 집안에 교의(交椅 : 다리가 길고 사진이나 지방을 높이 모셔 놓을 수 있게 만들어진 제례 기물)가 있을 때에는 교의 위에 모신다.

향탁 : 제상 앞으로 향탁을 놓고 그 위에 촛대를 준비하여 향을 피우고 촛불을 밝힌다. 초종 중에는 보통 선향 초대를 준비하여 향을 피우고 촛불을 밝힌다. 초종 중에는 보통 선향, 향로, 향합

◆ 호 상 (護 喪)

호상은 초종 중에 장례 일체를 지휘할만한 분으로 상가의 가풍과 모든 생각을 친숙하게 알아 차릴 수 있고 책임성 있는 분으로 정하는 것이 좋다.

분으로서 상가의 가풍과 모든 생각을 친숙하게 알아 차릴 수 있고 책임성 있는 분으로 정하는 것이 좋다.

◆ 치장(治葬) 계획과 결정

▲ 장일(葬日)

요즈음에는 대부분이 3일장으로 하고 있으므로 만일 사망 시간이 밤 늦으면 시간이 부족할 것이다.

▲ 장지(葬地)

영결식과 발인시간은 장지에 도착할 수 있는 시간의 여유를 충분하게 두도록 유의하여야 한다.

연만한 노인이 계신 집안에서는 장지를 미리 정해 두는 것이 더욱 준비성 있게 하려면 장지를 정하고 미리 산역까지 해서 당한 후에는 다시 한번 점검만 하면 되도록 마련을 하면 더욱 정중하게 치장할 수 있다.

▲ 부고(訃告)

장일과 장지를 결정한 다음 꼭 보내야 할 곳에는 부고를 낸다. 요사이는 개별 부고는 아니하고 신문에다 내거나 아는 분끼리 서로 연락이 갈 수 있도록 한다.

▲ 염 습

염습은 향수로 망인의 몸을 깨끗하게 탈지면으로 막고 수의를 입힌 다음에 입관을 하는 절차이다. 염습을 할 때에는 방의 안팎을 깨끗하게 하고 집안의 다른 사람들도 조용하게 근신하는 태도로 소음이 없게 하여야 한다. 우리나라 재래 절차에서는 다음과 같이 염습이 진행된다.

● 목욕 : 탈지면이나 거어즈에 약품을 적셔 시신을 닦고, 머리카라슬 조랑 한개에 넣고, 손톱, 발톱을 깎아 또 한개의 조랑에 넣는다.

● 습 : 수의를 입힌다. 수의는 모두 깃을 바른편(산사람과 반대)으로 여민다.

수의를 입히고 나면 시신을 홑이불로 덮어 방 중앙으로 옮기고 남자 상제는 시신의 동편, 부인 상제는 서편에 서서 전(奠, 식혜)를 올리고 반함(飯含 : 상주가 버드나무 순갈로 생쌀을 조금 떠서 망인의 입 오른편에 넣는 절차)을 행하였다.

● 소렴・대렴 : 소렴금으로 시신을 싸서 아래・위・중간의 차례로 7번 묶는데 이때에는 매듭을 짓지 않고 풀리기 쉽도록 한다. 다음 시신을 칠성판에 옮겨 대렴금으로 싸서 이것은 여미기만 한 다음 관을 하게 된다.

◆ 수 의 (壽 衣)

● 수의감 : 수의는 비단이나 마직(고운 부포나 베)등 자연 섬유로 한다. 빛깔은 대개 회색으로 하지만 집안의 법도 또는 고인의 소원에 따라 젊은 사람의 옷보다 훨씬 크게 만들어야 하며, 대체로 겉옷은 산 사람의 옷처럼 화려한 색으로 만들기도 한다.

● 남자의 수의 : 바지・저고리・속바지・속저고리・두루마기・도포・명목(얼굴을 가리는 것)・악수(손을 가리는 것)・엄두(머리를 가리는 것)・버선・신・조량(염습할 때 손톱, 발톱을 깎아 넣는 주머니)・대렴금(시체를 싸는 속이불)・천금(시체를 덮는 큰이불)・소렴금(시체를 싸는 속이불)・배게.

● 여자의 수의 : 속속곳・바지・단속곳・원삼・명목・악수・엄두・버선・신・조량・속저고리・겉저고리・치마・지금・대렴금・천금・지금・베개.

※ 수의를 바느질 할 때에는 실의 매듭을 짓지 않는다.

◆ 상가의 표시

◇ 喪中 ◇   ◇ 喪家 ◇   ◇ 忌中 ◇

을 쓴다.

향탁의 앞으로 돗자리(무늬가 없는 흰 돗자리)를 깔고 분향할 자리를 준비한다.

◆ 입 관(入 棺)

관은 보통 목관을 쓰고 옻칠을 하여 만든다. 잘 마른 나무로 여러번 충분하게 배인 것이 좋다. 관을 마출 때에는 시신의 키를 기준하여 잘 맞도록 만들도록 유의한다.

입관은 관에 지금은 시신을 관에 옮긴 뒤에 천금으로 덮고 풀솜이나 고인의 유물 중에 넣으면서 양옆으로 보공으로 함께 넣을 것을 채운다.

입관을 마치면 관보를 덮고 그 위에 관상명정(棺上銘旌 : 관 위에다 관명 본관을 쓰고 누구의 관이라고 표하는 것)을 쓴다.

관보는 횐색, 검은색, 노란색으로 하고 감은 비단·벨벳·인조견 등 형편에 따라 쓴다.

◆ 영 좌(靈 座)

입관을 하고 관보를 덮은 다음 관을 먼저 자리로 정좌하게 하고 앞을 병풍으로 가린 다음 제상이나 교의를 앞에 놓고 사진을 모신다음 향탁을 앞에 놓고 돗자리를 깔고 영좌의 오른편으로 명정을 써서 대가지에 달아 세우거나 병풍에 걸쳐 늘어뜨린다.

명정 : 붉은 색의 비단 한폭 (보통 70㎝ 전후의 폭)으로 2.5~3m 길이의 천에다 횐분을 아교에 섞어 관명·본관·성명을 밝혀 누구의 영구라는 것을 표시한 것이다.

學生光山金公之柩 〈남자〉
(處士)

孺人全州李氏之柩 〈여자〉

◆ 성 복(成 服)

입관을 끝내고 영좌를 만들었으면 상제·복인이 성복을 한다. 성복은 정식으로 상복을 하는 절차이다. 옛날에는 깃광목과 삼베로 상복차림을 했으나 이제 남자는 검은색의 양복, 횐 와이셔츠 검은색의 넥타이, 여자는 횐색 치마, 저고리 차림을 하는 것이 좋다.

복인은 검은색이나 삼베로 만든 리본이나 와장으로 표시하면 좋다. 복인이라도 준비가 있으면 검은 색의 양복·횐색이나 검은색의 치마 저고리 차림을 하는 것이 좋다. 상제의 생활양식에 따라서 여자 상제가 치마·저고리를 입지 않고 검은색의 양복차림을 하는 것도 무방할 것이다.

여자의 상복 치마 저고리는 겹으로 (치마도) 하는 것이 원칙이다.

성복이 끝나면 조상을 받는다.

◆ 성복제(成服祭)

성복제는 초종 중의 제례로서는 가장 큰 제례 절차이다. 제사 범절은 집안에 따라 다르나, 메·탕·면·포·혜(식혜)·편·과일·생과일·숙과일-유과류)·적·갈납나물·김치·편청·간장·초간장·제주를 갖추는 것이 원칙이다.

◆ 상 식(上 食)

성복제는 초종 중의 제례로서는 입관 전에는 전을 올리지만 입관 후부터는 아침·저녁으로 상식을 올린다. 상식은 메·탕·찬물·다(숭늉)로 조석상처럼 차려 올리는 것이다. 3일장에서는 2일째에 입관·성복·성복제를 지내고, 다음날이면 발인을 하므로 실제로 상식을 올릴 겨를도 없다.

◆ 발 인(發 靷)

발인은 영구가 집을 떠나는 절차이다. 발인에 앞서 제주·과일·포·혜·적·편으로 발인제를 지내서 마지막으로 집안에서의 제를 지낸다. 이 발인제를 집안에서 견전(遣奠)이라고 한다.

발인제를 지내고 바로 장지로 떠나는 경우도 있고 발인에 참석하러 온 조객이 분향을 할 수 있도록 시간 여유를 두는 것이 좋다.

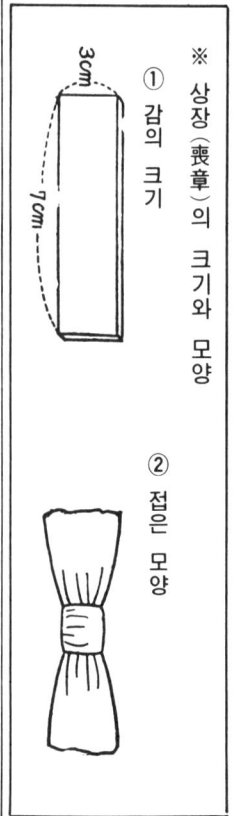

※ 상장(喪章)의 크기와 모양

① 감의 크기

② 접은 모양

◆ 하관(下棺)과 성분(成墳)

영결식을 마치고 상주와 유가족·측근 친지가 영구를 모시고 장지로 간다. 장지의 묘소 가까이에서 장의 차를 정차시키고 하관 준비를 한다. 하관을 할 때에는 가풍에 따라 관을 치우고 시체만 매장하는 경우가 있으니 이 절차는 각 집안의 법도에 따른다.

※ 광중(壙中)—시체를 묻는 구덩이)은 백회를 바른다. 시체를 광중에 하관하면 명정을 덮고 나무나 돌로 준비한 횡대를 덮어 성분을 한다. 대강의 성분을 하고 성분제를 지낸다.
※ 산신제·토지신제 : 하관에 앞서 산신제·토지신제를, 지내며 이제는 상제가 직접 지내지 않고 다른 사람이 맡을 경우가 있다. 이때에는 영구 앞에 향탁·향로·향합을 준비하고 영구를 상제들이 모시고 있으면서 조객을 받는다.
※ 장지에 도착한 후 그곳 가까이의 조객을 맞는 경우가 있다. 이때에는 영구차 앞에 향탁·향로·향합을 준비하고 영구를 상제들이 모시고 있으면서 조객을 받는다.

◆ 성분제(成墳祭)

성분을 하면 묘 앞에서 성분제를 지낸다. 성분제는 초종 중 영구 앞에서 마지막으로 지내는 제례가 되겠으며, 영혼을 위령하는 뜻에서 제물·향·축을 준비하여 헌수(잔을 드리는 것)하면서 지낸다.

◆ 반우제(返虞祭)—초우라고도 함

영정을 모시고 집에 돌아오면 영정을 적당한 장소에 모시고, 포, 혜로 반우제를 지낸다.
이상으로 초종 예례는 끝이 난다.
※ 매장을 끝내면 장례는 끝난다. 대개 화환은 장지에까지 함께 가서 성분 후에 때를 입힐 때까지 장식하는 경우가 많다.

◆ 장례후의 뒷처리

▲ 영정을 모신다

영정(장례때 쓴 사진으로)을 일정한 장소에 모시고 옛날처럼 조석 상식을 올리지는 못해도 출근하거나 먼 길을 떠날 때 배례로 고하는 태도가 필요하다.

◆ 장례후의 제의(祭儀)

▲ 삼 우(三虞)

매장일부터 3일째 되는 날에, 성묘하고 봉분에 가 되었으면 비석을 세운다. 그리고 가풍에 따라 묘에서 삼우제를 지낸다.

▲ 졸 곡(卒哭)

졸곡이란 곡을 그친다는 뜻으로 삼우제 후에 다시 택일하여 졸곡제를 지냈으나 이제 졸곡은 삼우와 함께 치르는 것으로 하는 편이 좋다.

▲ 사십구제

장례날로부터 49일째 날이면 49제를 올린다. 49제는 불교의식이나 대체로 유교, 불교 모두 49일에 49제를 올린다.

▲ 백 일

장례이후 백일째 되는 날에도 영혼의 천도를 위하여 제를 올린다.

▲ 소 상

돌아가신 후 만 1년 되는 날이 소상날이다. 소상은 이른 아침에 제례를 올린다.

▲ 대 상

돌아간지 만 2년째 되는 날이 대상날이다. 대상 제례도 이른 아침에 지내는 것이 원칙이며, 옛날에는 대상을 지내면 평소에 입던 흰 옷을 벗었다.

▲ 담 제(禫祭)

대상날 이후 석달만에 담제를 지내고 담제 후에는 완전하게 탈상을 하는 것이며 상을 당하기 이전과 같은 생활로 돌아가는 것이다.

▲ 탈 상

상제는 부모의 거상에 상복(흰옷)을 잘 입어야 영혼의 길을 환하게 밝힐 수 있다 하여 철저하게 지켰던 것이나 근래의 생활 양식에 따라 대체로 100일에 탈상하는 것 같다. 중요한 것은 상중의 마음 것을 잊어서는 안될 것이니.

■ 상례에 따른 각종 서식

◆ 부고서식 (訃告書式)

訃 告

○○○氏 大人 某貫某氏 公以 老患 ○月○日○時

○分(陰 ○月 ○日)於自宅 別世 兹以訃告

永訣式場‥○○洞 ○○敎會 ○時
發 靷‥○月 ○日 ○時
葬 地‥○○郡 ○○面 ○○里 先塋

嗣子 ○○
次子 ○○
孫 ○○
婿 ○○
護喪 ○○

年 月 日

拜上

[참 고]

① 상주성명은 맏상주의 성명을 쓴다.
② 망인 칭호는 부고를 보내는 것이니 상주의 아버지면 「大人」, 어머니면 「大夫人」, 할아버지면 「王大人」, 할머니면 「王大夫人」, 아내면 「閣夫人」이라 쓴다.
③ 늙은이가 돌아가셨을 때는 「老患」, 젊은이가 병으로 죽었을 때는 「宿患」, 뜻밖의 죽음에는 「事故急死」라 쓴다.
④ 자이(玆以)를 사람이 직접 전할 때는 「전인(專人)」이라 쓴다.

◆ 부의금을 보낼 때 서식

〈단자를 넣는 봉투〉

賻 儀

一金   ○○○宅
   年 月 日 護喪所 入納
      ○○○ 원정
          謹上

〈봉투만 사용할 때〉

賻 儀

  ○○○宅
一金 護喪所 入納
   ○○○ 원정

賻 儀

白紙 卷
年 月 日
  ○○○宅
  護喪所 入納
     ○○○ 謹上

삼가 조의를 표합니다.
 일금
  ○년 ○월 ○일
   ○○○-드림
○○○ 선생남댁
호상소 귀중

〈부의를 보낼 때 문구〉

賻儀奠儀
謹 근
吊 조
儀 의

謹弔
香燭代
근 조
향 촉
촉 대

吊儀
조 의

弔儀
조 의

우리나라의 전통의례에 따른 제례의례를 간략하게 소개한다. 그러나 제례범절은 각 가정에 따라 조금씩 다르므로 참고로 하기 바란다.

■ 제례의 일반의례

◆ 제사의 종류

제사(祭祀)에는 상중의 우제(虞祭)와 소상(小祥), 대상(大祥), 담제(禫祭) 외에 시제(時祭), 다례(茶禮), 기제(忌祭), 묘제(墓祭) 등이 있다.

① 시제 : 철을 따라서 1년에 네번 종묘(宗廟)에 지내던 제사.

② 다례 : 음력으로 다달이 초하루·보름·생일 등에 간단히 낮에 지내는 절사(節祀)가 있다.

③ 기제 : 돌아가신 날 지내는 제사로, 오늘날 보통 제사라고 불리우는 것이다.

④ 묘제 : 시조에서부터 모든 조상들의 묘소에 가서 지내는 제사로, 한식(寒食)이나 시월에 날짜를 정하여 지내고 있다. 대개 이것을 시제라 한다.

◆ 지 방(紙 榜)

신위(神位)는 고인의 사진으로 하되 사진이 없으면 지방으로 대신한다. 지방은 깨끗한 백지(길이 22cm, 폭 6cm)에 먹으로 쓴다.

※ 지방쓰는 서식은 다음 페이지 참고.

◆ 제 수(祭 需)

제사를 지낼 때 쓰는 제물을 말한다. 원래 제수는 많은 음식을 마련하는 것이 원칙은 아니며, 대체로 형편에 따라 정성껏 마련함이 좋겠다.

● 메 ─ 밥
● 갱 ─ 맑은 국
● 탕 ─ 1가지에서 3가지만 하도록 한다(육탕·어탕·소탕. 되도록 이중에서 한가지만 하도록 한다).

● 적 ─ 1가지에서 3가지(육적·어적·소적. 되도록 한가지로 줄이자).
● 갈납 ─ 채소·고기·생선 등으로 전을 부친 것.
● 나물 ─ 보통 3가지(고비·도라지·시금치 등). 숙주나물은 쓰지 않고, 콩나물을 안 쓰는 경우도 있다.
● 포 ─ 포는 육포, 북어포 기타 어포 등을 쓰는데 지방에 따라서는 한가지로 끝나는 어물(갈치, 삼치 등)은 금하고 있다.
● 편 ─ 고인이 즐겨하던 편을 쓰면 좋을 것이다. 보통 계피팥편, 녹두편, 백편 등을 담고 그 위에다 주악 등을 얹어 담는다.
● 과일 ─ 생과일(밤·대추·곶감 등)을 쓰지만 계절에 따라 없을 때는 그 계절의 과일을 쓴다.
● 유과류 ─ 강정·약과·다식 등이 이 중에서 한가지만 써도 좋고, 또는 평소에 좋아하던 과자류도 무방하다.
● 김치 ─ 간장·초간장·꿀이나 설탕.
● 식혜 ─ 화채나 과즙으로 대용해도 무방할 것이다.
● 제주

◆ 진 설(陳 設)

진설은 사진을 모실 교의, 제상을 놓고 제수를 제상에 차리는 것이다. 제상 앞에는 향안(향을 피우는 상)을 놓고 그 위에 향로·향합을 놓고, 향안 아래 앞으로 모사그릇을 놓는다.

(ㄱ) 진설을 할 때에는 다음과 같이 한다. 맨앞줄(사진 앞)에는 메(맑은 국을 국물채로)·시접(수저를 대접에 담아 놓는다) 다음 줄에 제주잔을 놓는다.

(ㄴ) 다음 줄에 탕(건데기만 따로 놓는다)·동편으로 면, 서편으로 떡을 놓는다.

(ㄷ) 셋째 줄에 탕과 같은 줄쯤의 위치에서 왼편으로 면편으로 식혜를 놓는다.

(ㄹ) 다음 줄에는 생선을 동편으로 고기를 서편으로 가게 대체로 원칙으로 하면서 갈납, 나물, 적을 놓는다.

(ㅁ) 다음 줄에 식혜를 세우면서 간장, 초간장, 김치는 대체로 중심 위치에 놓고, 꿀이나 설탕은 끝까지에 놓는다.

(ㅂ) 맨 끝줄에다 붉은 색을 동쪽, 흰색을 서쪽으로 하면서 과일·유과류를 진설한다.

※ 제상 앞에는 제석(돗자리)을 깐다.

※ 진설도는 다음 페이지 참고.

◆ 제례 순서

● 참신(參神) : 제사를 지낼 제관이 모두 모이면 함께 제상 앞에 모여 먼저 대표자가 향로에 향을 피우고 술잔에 술을 조금 받아 잔을 제자리에 놓은 듯이 약간 돌리듯이 한다음 모사그릇에 붓고 잔을 제자리에 놓은 음서서 배례하면 제관이 모두 재배를 한다. 절은 재배를 원칙으로 한다.

● 초헌(初獻) : 첫째 잔을 올림 : 제관 중에서 제일 대행되는 분이 제상에 올리고 재배한다.

● 아헌(亞獻) : 둘째 잔을 올림 : (이때에는 혼자만 배례함) 에서 집사가 들어주는 잔을 받아 그 술을 퇴주그릇에 비우고 술을 받아 잔을 올리고 재배한다.

● 삼헌 : 세째 분이 아헌 때와 같이 한다.

● 첨잔 : 세째 잔 이상은 아니 올리고 집사가 대행하고 잔을 올릴 사람은 곁에 앉아서 집사가 첨잔한 다음 배례한다.

● 합문 : 잔을 다 올리면 밥그릇의 뚜껑을 열고 문을 잠시 닫거나, 또는 꿇어앉아 고개를 숙인 채로 있는다.

● 헌다 : 숭늉을 드린다. 국그릇을 들어내고 그 자리에 숭늉(깨끗한 물)을 놓고 순가락으로 밥을 세번 떠서 물에 말아 놓는다.

● 사신 : 제관이 함께 배례하고 사진을 제자리에 모시고 철상(상을 치우는) 일을 한다.

● 음복 : 제관은 함께 모여 제사 음식으로 음복을 한다.

◆ 가정의례 준칙에 의한 제례

▲ 제식(祭式) 절차 (제50조)

▲ 신위봉안(神位奉安) : 사진 또는 지방을 모신다.
① 참신(參神) : 참사자는 일제히 신위 앞에 재배한다.
② 강신(降神) : 제주는 분향하며 모사(茅沙)에 술을 붓고 재배한다.
③ 헌작(獻酌) : 헌작은 단헌(單獻)을 원칙으로 한다.
④ 독축(讀祝) : 독축 후 제주는 재배한다.
⑤ 삽시(挿匙) : 삽시 후 합문(闔門)은 하지 아니하고 묵사자는 묵념한다.
⑥ 헌다(獻茶) : 숭늉을 국과 바꾸어 놓고 메를 물에 만 다음 잠시 부복(俯伏)한 후 철시(撤匙)한다.
⑦ 사신(辭神) : 참사자는 일제히 신위 앞에 재배한다.
⑧ 신위봉환(神位奉還) : 사진은 거두고 지방이면 불 사른다.

▲ 절사

● 제51조 [절사의 대상] 절사의 봉사 대상은 직계 조상으로 한다.
● 제52조 [절사의 일시] 절사는 추석날 아침에 지낸다.
● 제53조 [제가] 제주는 제주의 집에서 지낸다.
● 제54조 [제주] 제주는 종손(宗孫)이 되며 제사를 주재한다.
● 제55조 [참사자] 참사자는 직계 자손으로 한다.
● 제56조 [봉사방법] 봉사 대상은 합사(合祀)한다.
● 제57조 [신위] 지방은 한글로 백지에 먹으로 「선조 여러 어른 신위라」 쓴다.
● 제58조 [지방] 신위는 지방으로 한다.
● 제59조 [축문] 절사의 축문은 별지 제8호 서식에 의하여 쓴다.
● 제60조 [제수] 제수는 기제에 준하되 메는 떡으로 가름할 수 있다.
● 제61조 [제복 및 제식절차] 제복 및 제식절차는 기제에 준한다.

▲ 연시제

● 제62조 [연시제의 대상] 연시제의 대상은 부모·조부모 및 배우자로 한다.
● 제63조 [연시제의 일시] 연시제는 1월 1일 아침에 지낸다.
● 제64조 [제가, 제주, 참사자 및 제복등]은 기제에 준한다.
● 제65조 [봉사방법] 봉사 대상을 합사하는 것을 원칙으로 한다.
● 제66조 [신위] 신위는 기제에 준한다.
● 제67조 [지방] 지방은 기제에 준하되 합사하는 경우에는 봉사 대상을 열거한다.
● 제68조 [제수] 제수는 기제에 준하되 메는 떡국으로 가름한다.
● 제69조 [제식 절차] 연시제의 절차는 기제에 준하되 축문은 읽지 아니한다.

▲ 성묘(省墓)

● 제70조 [성묘] 후손은 선영(先塋)에 참배하고 묘역(墓域)을 살피되 그 시기는 각자의 편의대로 한다.
● 제71조 [방법] 성묘의 방법은 재배 또는 묵념으로 하고 제수는 마련하지 아니한다.

제사상 진설도

- ◎ 조률시이(棗栗柿梨)라 하여 서편에서부터 대추, 밤, 감, 배 순으로 놓는다.
- ◎ 홍동백서(紅東白西)라 하여 과일이나 조과의 붉은 색을 동쪽으로 놓고 흰색은 서쪽으로 놓는다.
- ◎ 두동미서(頭東尾西)라 하여 생선의 머리는 동쪽을 향하고, 꼬리는 서쪽을 향하게 놓는다.
- ◎ 어동육서(魚東肉西)라 하여 어류는 동쪽에 놓고 육류는 서쪽에 놓는다.
- ◎ 좌포우혜(左脯右醯)라 하여 포는 왼편에 놓고 식혜는 오른편에 놓는다.
- ◎ 시저(수저)를 꽂을 때에는 패인 곳을 절하는 쪽으로 메(밥)의 한복판에 꽂는다.
- ◎ 두분을 모시는 양위합제 때는 메(밥)와 갱(국)과 시저(수저)만 각각 두벌씩 놓는다.
- ◎ 설에는 메대신 떡국을 놓고, 추석에는 송편을 놓는다.
- ◎ 남좌여우(男左女右)라 하여 남자는 좌측, 여자는 우측으로 모시는 것이 원칙이다.

壽宴

회갑(回甲)이란 우리나라 나이로 61세가 되는 해의 생일을 말하며, 이 날의 잔치를 수연이라고 부르는데 장수(長壽)에 대한 축하연이란 뜻이다.

◆ 헌 수(獻 壽)

헌수라 함은 회갑을 맞은 사람에게 자녀들이 큰 상을 차려 놓고 장남으로부터 차례대로 술잔을 올리고 절을 하면서 축수(祝壽)하는 것을 말한다.

만일 환갑되신 분의 부모가 생존해 계시면 그 부모의 앞에도 상을 차리고 환갑되신 내외가 먼저 술잔을 올리고 절을 한 다음에 자기의 자리에 앉아 술잔을 올릴 형편이 못되면 같은 자리에서 한 가운데로 모시고 먼저 술잔을 올린 다음 그 옆에 앉아서 받으면 된다.

별도로 상을 차릴 형편이 못되면 같은 자리에서 한 가운데로 모시고 먼저 술잔을 올린 다음 그 옆에 앉아서 받으면 된다.

◆ 수연상(壽宴床) 차리기

● 다식(茶食) : 흑임자 다식, 송화 다식, 녹말 다식.
● 건과(乾果) : 대추, 생률, 은행, 호도.
● 생과(生果) : 사과, 감, 배, 귤 등의 실과.
● 유과(油果) : 약과, 강정, 빈사과, 세반연사, 매잣과.
● 편(䭏) : 백편, 꿀편, 찰편, 주악, 싱검초편, 웃기.
● 당속(糖屬) : 팔보당, 졸병, 온당, 옥춘, 꿀병.
● 정과(正果) : 청매정과, 연근정과, 산자정과, 모과정과, 생강정과, 유자정과.
● 포脯(脯) : 어포, 육포, 건적포.
● 적(炙) : 쇠고기적, 닭적, 화양적.
● 전(煎) : 생선전, 갈납, 고기전.
● 초(炒) : 전복초.

◆ 수연상 진설요령

① 실과류는 앞쪽, 편류는 염줄, 적 등은 뒤에 놓는다.

이와같은 것을 일정한 치수로 고인후 큰 상의 옆이나 앞에는 따로 결상을 차려 면(麵), 신선로(神仙爐), 편육, 식혜, 나박김치, 초간장, 화채, 구이, 편청(꿀) 등을 놓는다.

◆ 장수(長壽) 잔치

① 육순(六旬) : 60세가 되는 해의 생일을 특별히 잔치를 베풀고 그 날을 기념하였다.

② 진갑(進甲) : 회갑을 치룬 이듬해 생일을 진갑이라 하여 친지를 초대하여 음식을 대접하고 이날을 기념하고 축하하였다.

③ 칠순(七旬) : 칠십세가 되면 자손들은 잔치를 베풀어 장수를 축하하여 드린다.

◆ 수연에 따른 각종 서식 〈청첩장 서식 ①〉

謹啓 時下에 高堂의 萬福하심을 頌祝하옵니다.

就悚 來 ○月 ○日은 家親(어머니일 때는 慈堂)의 回甲이옵기로 子息된 기쁨을 萬分之一이라도 表할까 하와 壽宴을 略設하옵고 貴下를 招請하오니 掃萬하시와 當日 上(下)午 ○時에 鄙家로 旺臨하여 주신다면 다시 없는 榮光으로 생각하겠읍니다.

　　　　　　　○○年 ○月 ○日
　　　　　　　　　　○○○ 再拜

○○○ 貴下

① 고임 접시에는 쌀과 같은 낟곡식을 채워 편편히 한 다음 백지로 싼다.
② 은행은 까서 볶고, 대추는 쪄서 실백을 박은 후 실에 꿰어 쌓아 올린다.
③ 생과실은 아래 위를 칼로 조금씩 도려 내어서 가는 나무 꼬챙이로 연결시켜 쌓는다.
④ 과자류는 백지를 붙여 가며 고여간다.
⑤ 그릇의 수와 음식을 괴는 높이의 치수는 기수(寄數)로 하는데 일반적으로 다섯치, 일곱치, 아홉치, 한자 한치, 한자 세치, 한자 다섯치 등으로 한다.
⑥ 과자와 자라는 그릇의 수와 음식을 괴는 높이의 치수는 기수(寄數)로 하는데 일반적으로 다섯치, 일곱치, 아홉치, 한자 한치, 한자 세치, 한자 다섯치 등으로 한다.

〈청첩장 서식〉②

〈축하문구〉

〈수연 축하 회갑 축회연〉
祝壽宴 祝回甲 祝禧筵
〈축의 수의〉
祝儀 壽儀

삼가 수연을 축하하오며 만수무강 하시기를 빕니다.

○○○ 선생님께

삼가 아뢰옵니다.

다름이 아니오라 이달 ○날은 저의 아버님의 회갑이옵기로 자식된 기쁨을 만분의 일이라도 나타낼까 하와 변변치 못한 자리를 마련하오니 그날 오전 ○시까지 저희 집으로 오서서 기쁨을 같이 해주신다면 더없는 영광이겠읍니다.

○○년 ○월 ○일

○ ○ ○ 올림

◆ 수연축의 〈壽宴祝儀〉 단자 〈單子〉

〈당사자에게〉

祝 禧 筵
一金   원整
年 月 日
○○○氏 尊下
○○○ 謹呈

삼가 수연을 축하하나이다.
○○ 선생님께
一金   원整
○○○○년 월 일
○○○ 드림

〈자녀에게 보낼 때〉

○○○○氏
春堂(또는 慈堂) 壽宴時
一金   원整
年 月 日
○○○ 謹呈

〈단자를 써 넣었을 때〉

祝 壽 宴
○○○先生 宅 吉宴所入納
一金   원整

〈봉투만 쓸 때〉

祝 回 甲
○○先生宅 吉宴所入納
○ ○ ○ 謹呈

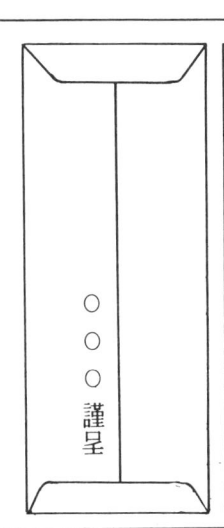

◆ 하 수 (賀 壽)

- 환력(還曆) ⎫
  환갑(還甲) ⎭ …… 61세
- 고희(古稀) ……… 70세
- 희수(喜壽) ……… 77세
- 산수(傘壽) ……… 80세
- 미수(米壽) ……… 88세
- 졸수(卒壽) ……… 90세
- 백수(白壽) ……… 99세

모양이 비슷하여 혼돈하기 쉬운 한자 (1)

佳(가)	佳節(가절)	困(곤)	疲困(피곤)	技(기)	技能(기능)	栗(률)	生栗(생률)
往(왕)	往來(왕래)	囚(수)	囚人(수인)	枝(지)	枝葉(지엽)	粟(속)	粟米(속미)
住(주)	住宅(주택)	因(인)	因果(인과)	壇(단)	祭壇(제단)	隣(린)	隣接(인접)
各(각)	各種(각종)	功(공)	功勞(공로)	檀(단)	檀君(단군)	憐(련)	憐憫(연민)
名(명)	姓氏(성씨)	巧(교)	巧妙(교묘)	旦(단)	一旦(일단)	幕(막)	天幕(천막)
間(간)	間接(간접)	切(절)	切斷(절단)	且(차)	苟且(구차)	慕(모)	追慕(추모)
問(문)	質問(질문)	官(관)	官吏(관리)	堂(당)	堂號(당호)	漫(만)	漫評(만평)
干(간)	干城(간성)	宮(궁)	宮女(궁녀)	當(당)	當否(당부)	慢(만)	慢心(만심)
于(우)	于今(우금)	壞(괴)	破壞(파괴)	代(대)	代理(대리)	末(말)	末世(말세)
千(천)	千年(천년)	壤(양)	土壤(토양)	伐(벌)	征伐(정벌)	未(미)	未着(미착)
甲(갑)	甲兵(갑병)	懷(회)	懷疑(회의)	待(대)	待接(대접)	眠(면)	冬眠(동면)
申(신)	申告(신고)	橋(교)	橋梁(교량)	侍(시)	侍女(시녀)	眼(안)	眼目(안목)
開(개)	開拓(개척)	矯(교)	矯正(교정)	挑(도)	挑戰(도전)	免(면)	任免(임면)
聞(문)	見聞(견문)	具(구)	具備(구비)	桃(도)	桃李(도리)	兎(토)	兎皮(토피)
客(객)	主客(주객)	貝(패)	貝物(패물)	徒(도)	學徒(학도)	明(명)	文明(문명)
容(용)	容貌(용모)	九(구)	九拾(구십)	從(종)	順從(순종)	朋(붕)	朋友(붕우)
巨(거)	巨作(거작)	丸(환)	丸藥(환약)	島(도)	島民(도민)	募(모)	募集(모집)
臣(신)	臣下(신하)	句(구)	句節(구절)	烏(오)	烏口(오구)	暮(모)	暮雪(모설)
犬(견)	忠犬(충견)	旬(순)	中旬(중순)	鳥(조)	鳥獸(조수)	墓(묘)	墓地(묘지)
大(대)	大小(대소)	拘(구)	拘束(구속)	刀(도)	短刀(단도)	矛(모)	矛盾(모순)
太(태)	太陽(태양)	狗(구)	走狗(주구)	刃(인)	刃創(인창)	予(여)	子奪(여탈)
遣(견)	派遣(파견)	券(권)	福券(복권)	兩(량)	兩立(양립)	戊(무)	戊種(무종)
遺(유)	遺産(유산)	卷(권)	卷數(권수)	雨(우)	風雨(풍우)	戌(술)	戌時(술시)
						成(성)	成事(성사)
決(결)	決行(결행)	斤(근)	斤量(근량)	旅(려)	旅行(여행)	墨(묵)	墨畵(묵화)
快(쾌)	快樂(쾌락)	斥(척)	排斥(배척)	族(족)	民族(민족)	黑(흑)	黑幕(흑막)
頃(경)	頃刻(경각)	今(금)	今日(금일)	戀(련)	戀慕(연모)	微(미)	微力(미력)
項(항)	項目(항목)	令(령)	命令(명령)	蠻(만)	蠻勇(만용)	徵(징)	徵集(징집)
考(고)	參考(참고)	己(기)	各己(각기)	綠(록)	綠色(녹색)	密(밀)	密集(밀집)
老(로)	老人(노인)	巳(사)	乙巳(을사)	緣(연)	緣分(연분)	蜜(밀)	蜜語(밀어)
		已(이)	已往(이왕)				
苦(고)	苦惱(고뇌)	起(기)	起立(기립)	陸(륙)	陸地(육지)	薄(박)	薄氷(박빙)
若(약)	若干(약간)	赴(부)	赴任(부임)	睦(목)	和睦(화목)	簿(부)	名簿(명부)

124

모양이 비슷하여 혼돈하기 쉬운 한자 (2)

夫(부)	夫君(부군)	析(석)	分析(분석)	嗚(오)	嗚咽(오열)	爪(조)	爪甲(조갑)
矢(시)	弓矢(궁시)	折(절)	屈節(굴절)	鳴(명)	鳴禽(명금)	瓜(과)	瓜菜(과채)
失(실)	失手(실수)	宣(선)	宣戰(선전)	午(오)	午後(오후)	早(조)	早起(조기)
北(북)	北方(북방)	宜(의)	便宜(편의)	牛(우)	牛馬(우마)	旱(한)	旱害(한해)
比(비)	比例(비례)	設(설)	建設(건설)	玉(옥)	玉石(옥석)	陣(진)	陣地(진지)
此(차)	此際(차제)	說(설)	說敎(설교)	王(왕)	王室(왕실)	陳(진)	陳列(진열)
墳(분)	墳墓(분묘)	雪(설)	螢雪(형설)	壬(임)	壬午(임오)	側(측)	側近(측근)
憤(분)	憤怒(분노)	雲(운)	雲集(운집)	曰(왈)	曰可(왈가)	測(측)	測量(측량)
粉(분)	粉末(분말)	俗(속)	俗世(속세)	日(일)	日氣(일기)	歎(탄)	歎息(탄식)
紛(분)	紛爭(분쟁)	裕(유)	裕福(유복)	瓦(와)	瓦解(와해)	歡(환)	歡心(환심)
分(분)	分權(분권)	衰(쇠)	盛衰(성쇠)	互(호)	相互(상호)	幣(폐)	幣物(폐물)
兮(혜)	耶兮(야혜)	哀(애)	哀歡(애환)	搖(요)	搖動(요동)	弊(폐)	弊端(폐단)
佛(불)	佛敎(불교)	須(수)	必須(필수)	謠(요)	民謠(민요)	閉(폐)	閉門(폐문)
拂(불)	拂子(불자)	順(순)	順從(순종)	遙(요)	遙遠(요원)	閑(한)	閑暇(한가)
婢(비)	婢隸(비예)	遂(수)	完遂(완수)	由(유)	事由(사유)	標(표)	標準(표준)
碑(비)	碑石(비석)	逐(축)	驅逐(구축)	田(전)	田畓(전답)	漂(표)	漂流(표류)
貧(빈)	貧富(빈부)	辛(신)	辛苦(신고)	油(유)	石油(석유)	何(하)	如何(여하)
貪(탐)	貪官(탐관)	幸(행)	幸福(행복)	抽(추)	抽出(추출)	河(하)	河川(하천)
氷(빙)	氷上(빙상)	深(심)	水深(수심)	人(인)	人口(인구)	恨(한)	恨歎(한탄)
水(수)	食水(식수)	探(탐)	探求(탐구)	入(입)	入口(입구)	限(한)	限時(한시)
永(영)	永久(영구)	揚(양)	揚名(양명)	八(팔)	八方(팔방)	享(향)	享樂(향락)
師(사)	師弟(사제)	楊(양)	楊柳(양류)	栽(재)	栽培(재배)	亨(형)	亨通(형통)
帥(수)	元帥(원수)	堤(제)	堤防(제방)	裁(재)	裁斷(재단)	弦(현)	弦月(현월)
捨(사)	取捨(취사)	提(제)	提高(제고)	摘(적)	指摘(지적)	絃(현)	絃樂(현악)
拾(습)	拾得(습득)	如(여)	如意(여의)	滴(적)	餘滴(여적)	刑(형)	形事(형상)
思(사)	思考(사고)	奴(노)	奴婢(노비)	適(적)	適合(적합)	形(형)	形象(형상)
恩(은)	恩惠(은혜)	好(호)	好人(호인)	漸(점)	漸次(점차)	毫(호)	秋毫(추호)
士(사)	士林(사림)	與(여)	授與(수여)	慚(참)	無慚(무참)	豪(호)	豪傑(호걸)
土(토)	土木(토목)	興(흥)	興亡(흥망)	情(정)	感情(감정)	浩(호)	浩汒(호망)
象(상)	象牙(상아)	亦(역)	亦是(역시)	淸(청)	淸掃(청소)	活(활)	生活(생활)
衆(중)	大衆(대중)	赤(적)	赤色(적색)	燥(조)	乾燥(건조)	侯(후)	諸侯(제후)
書(서)	書式(서식)	營(영)	營業(영업)	操(조)	操縱(조종)	候(후)	氣候(기후)
晝(주)	晝夜(주야)	螢(형)	螢光(형광)				
畵(화)	畵室(화실)						

한가지 글자에서 서로 다른 음(音)과 뜻을 가진 한자 (1)

降	내릴 강 항복할 항	下降(하강) 降伏(항복)	洞	마을 동 통할 통	洞里(동리) 洞角(통각)
更	다시 갱 고칠 경 바꿀 경	更生(갱생) 更訂(경정) 更迭(경질)	樂	즐길 락 풍류 악 좋아할 요	苦樂(고락) 音樂(음악) 樂山(요산)
車	수레 거 수레 차	車馬(거마) 車輛(차량)	率	비율 률 거느릴 솔	能率(능률) 統率(통솔)
乾	하늘 건 마를 간	乾坤(건곤) 乾淨(간정)	反	돌이킬 반 뒤칠 번	反問(반문) 反畓(번답)
見	볼 견 드러날 현 뵈올 현	見地(견지) 見身(현신) 謁見(알현)	復	회복할 복 다시 부	回復(회복) 復活(부활)
契	맺을 계 나라이름 글 애쓸 결	契印(계인) 契丹(글안) 契活(결활)	否	아닐 부 막힐 비	否決(부결) 否運(비운)
告	알릴 고 뵙고청할 곡	告白(고백) 出必告(출필곡)	北	북녘 북 달아날 배	北極(북극) 敗北(패배)
句	글귀 구 귀절 귀	句讀(구독) 句節(귀절)	不	아닐 불 아닐 부	不法(불법) 不當(부당)
龜	땅이름 구 거북 귀 터질 균	龜浦(구포) 龜鑑(귀감) 龜裂(균열)	寺	절 사 내시 시	寺刹(사찰) 寺人(시인)
金	쇠 금 성 김	金庫(금고) 金氏(김씨)	殺	죽일 살 감할 쇄	殺生(살생) 相殺(상쇄)
豈	어찌 기 승전악 개	豈敢(기감) 豈樂(개악)	塞	변방 새 막을 색	要塞(요새) 塞源(색원)
內	안 내 여관 나	內外(내외) 內人(나인)	索	찾을 색 동아줄 삭	索引(색인) 索莫(삭막)
奈	어찌 내 어찌 나	奈何(내하) 奈落(나락)	省	살필 성 덜 생	省內(성내) 省略(생략)
茶	차 다 차 차	茶房(다방) 茶禮(차례)	說	말씀 설 달랠 세 기쁠 열	說明(설명) 遊說(유세) 說喜(열희)
丹	붉을 단 나라이름 안	丹楓(단풍) 契丹(글안)	泄	샐 설 흩어질 예	漏泄(누설) 泄泄(예예)
度	법 도 헤아릴 탁	制度(제도) 度支(탁지)	衰	쇠할 쇠 상복 최	衰弱(쇠약) 衰服(최복)
糖	엿 당 엿 탕	糖分(당분) 砂糖(사탕)	數	셀 수 자주 삭 촘촘할 촉	數量(수량) 頻數(빈삭) 數苦(촉고)
讀	읽을 독 구절 두	讀書(독서) 吏讀(이두)	拾	주을 습 열 십	拾得(습득) 參拾(삼십)
			氏	성 씨 나라이름 지	姓氏(성씨) 月氏(월지)

한가지 글자에서 서로 다른 음(音)과 뜻을 가진 한자 (2)

한자	훈음	예시
食	먹을 식 / 밥 사	客食(객식) / 疏食(소사)
識	알 식 / 기록할 지	識見(식견) / 標識(표지)
什	열 십 / 세간 집	什長(십장) / 什器(집기)
惡	악할 악 / 미워할 오	善惡(선악) / 惡寒(오한)
易	바꿀 역 / 바꿀 역	周易(주역) / 容易(용이)
厭	싫을 염 / 덮을 엄 / 누를 엽	厭世(염세) / 厭然(엄연) / 厭勝(엽승)
葉	입 엽 / 성 섭	落葉(낙엽) / 葉氏(섭씨)
咽	목구멍 인 / 목멜 열	咽頭(인두) / 嗚咽(오열)
刺	찌를 자 / 찌를 척	刺客(자객) / 刺殺(척살)
狀	문서 장 / 형상 상	狀書(장서) / 狀態(상태)
著	나타낼 저 / 붙을 착	著述(저술) / 著色(착색)
切	끊을 절 / 모두 체	切斷(절단) / 一切(일체)
齊	가지런할 제 / 재계할 재	整齊(정제) / 齊戒(재계)
辰	별 진 / 날 진 신	辰宿(진수) / 生辰(생신)
弔	조상 조 / 이를 식	弔客(조객) / 弔鍾(식종)
足	족할 족 / 더할 주	充足(충족) / 足恭(주공)
質	물을 질 / 폐백 지	質門(질문) / 言質(언지)
帖	문서 첩 / 체지 체	手帖(수첩) / 帖文(체문)
酢	초 초 / 권할 작	酢酸(초산) / 酒酢(주작)
出	날 출 / 내릴 추	出入(출입) / 出劍(추검)
差	어긋날 차 / 충질 치	差別(차별) / 參差(참치)
參	참여할 참 / 석 삼	參拜(참배) / 參萬(삼만)
佐	도울 좌 / 도울 자	保佐(보좌) / 佐飯(자반)
拓	열 척 / 밀칠 탁	開拓(개척) / 拓本(탁본)
推	천거할 추 / 밀 퇴	推究(추구) / 推窓(퇴창)
則	법 칙 / 곧 즉	規則(규칙) / 然則(연즉)
沈	잠길 침 / 성 심	沈沒(침몰) / 沈氏(심씨)
宅	집 택 / 댁 댁	住宅(주택) / 宅內(댁내)
暴	사나울 폭 / 사나울 포	暴雪(폭설) / 暴惡(포악)
便	편할 편 / 오줌 변	便利(편리) / 便所(변소)
幅	폭 폭 / 폭 복	大幅(대폭) / 幅巾(복건)
合	합할 합 / 흡 흡	合邦(합방) / 五合(오흡)
行	다닐 행 / 항렬 항	行事(행사) / 行列(항렬)
畵	그림 화 / 그을 획	畵像(화상) / 劃順(획순)
廓	클 확 / 둘레 곽	廓正(확정) / 胸廓(흉곽)
滑	미끄러울 활 / 어지러울 골	滑走(활주) / 滑稽(골계)
罷	파할 파 / 피곤할 피	罷免(파면) / 罷倦(피권)
布	펼 포 / 베풀 보	布木(포목) / 布施(보시)
向	향할 향 / 성 상	動向(동향) / 向氏(상씨)
陝	좁을 협 / 땅이름 합	陝小(협소) / 陝川(합천)
紅	붉은 홍 / 길쌈 공	紅玉(홍옥) / 女紅(여공)
戲	희롱 희 / 서러울 호	戲曲(희곡) / 嗚戲(오호)

획순의 일반적인 원칙

위로부터 아래로	三	言	音	多	眞	壹
가로획을 먼저	十	寸	土	木	世	原
왼편을 먼저	川	仁	江	別	特	祝
가운데를 먼저	小	山	水	出	樂	變
바깥 부분(몸)을 먼저	火	同	風	國	間	登
꿰뚫는 획은 나중에	中	車	事	女	每	冊
받침 중 독립자로 쓰이지 않는 것은 맨 나중에, 독립자로 쓰이는 것은 먼저	延	建	道	通	먼저 題	먼저 起
삐침과 가로획	右	布	有	左	友	在
삐침의 선후	九	及	皮	刀	力	方